第二届

2024 SHANGHAI
INTERNATIONAL CARBON NEUTRALITY EXPO
GREEN AND LOW CARBON SUPPLY CHAINS CASEBOOK

上海国际碳中和博览会
绿色低碳供应链案例集

第二届上海国际碳中和博览会绿色低碳供应链案例集编委会◎编

新 华 出 版 社

图书在版编目（CIP）数据

第二届上海国际碳中和博览会绿色低碳供应链案例集 / 第二届上海国际碳中和博览会绿色低碳供应链案例集编委会编 .
北京 : 新华出版社 , 2024.5
ISBN 978-7-5166-7399-7

Ⅰ . ①第…　Ⅱ . ①第…　Ⅲ . ①供应链管理—节能—案例—世界
Ⅳ . ① F252.1

中国国家版本馆 CIP 数据核字（2024）第 099816 号

第二届上海国际碳中和博览会绿色低碳供应链案例集

编者： 第二届上海国际碳中和博览会绿色低碳供应链案例集编委会

出版发行： 新华出版社有限责任公司

（北京市石景山区京原路 8 号　邮编：100040）

印刷： 河北鑫兆源印刷有限公司

成品尺寸： 170mm × 240mm　1/16　**印张：** 14　**字数：** 175 千字

版次： 2024 年 5 月第 1 版　**印次：** 2024 年 5 月第 1 次印刷

书号： ISBN 978-7-5166-7399-7　**定价：** 68.00 元

第二届上海国际碳中和博览会绿色低碳供应链案例集

撰写组

高　怡（巴斯夫）

陈鹏宇（博世中国）

易建山（国家电网）

兰珍珍（欧莱雅）

张佩璇（欧冶云商）

孙忠明（欧冶云商）

奚　剑（上海电气）

马　清（西门子中国）

李雪松（延锋）

陶　蕾（中国太保产险）

（按企业名称拼音首字母排序）

序 言

工业的快速发展推动着经济和社会的进步，但同时也带来了日益严峻的气候和环境问题。大规模的工业化生产使得温室气体排放激增，加剧了全球气候变化，威胁着人类健康和生态系统的平衡。作为社会经济活动中重要的一环，供应链碳减排在实现全球减少温室气体排放的行动中发挥着至关重要的作用。因此，各国政府和国际组织正在积极开展行动，号召全球企业增强减碳意识，提升绿色科技，发起跨国行动，携手合作来推动全球供应链的绿色低碳升级。建设绿色供应链，是助力实现碳达峰碳中和目标的必要措施，是实现中华民族和人类社会永续发展的必然选择。

随着中共中央、国务院《关于全面推进美丽中国建设的意见》的印发以及可持续发展理念重要性的日益凸显，今年2月，上海市委副书记、市长龚正主持召开市政府常务会议，要求加快建立产品碳足迹管理体系，打造绿色低碳供应链。会议指出，全球碳中和进程加速推进，要加快打造绿色低碳供应链，不断提升本土产品碳足迹管理水平。对此，重点产业链主企业应充分发挥牵头引领作用，不断提升本土产品碳足迹管理水平，引导整体产业链绿色低碳转型，更好助力碳中和进程推进。

随着国内外号召绿色低碳发展的呼声愈发强烈，越来越多的企业意识到绿色低碳供应链对企业可持续生产经营的重要性，绿色供应链管理已逐渐成为企业战略中不可或缺的一部分。绿色供应链管理不仅要求企业要有前瞻性的战略规划，更需要企业具有实际操作的灵活性和创新能力。在这一过程中，行业内先行企业的经验和做法尤为宝贵，他们积累的知识和通过实践验证出的解决方案，能够为其他企业提供宝贵的成功经验和示范性的建设道路，共同推动整个行业向绿色、可持续发展。

2023 年 6 月，在首届“上海国际碳中和技术、产品与成果博览会”主旨论坛上，《首届上海国际碳中和博览会绿色低碳案例集》一书正式出版发行。书中收录了十个在践行可持续发展理念过程中取得突出成果的企业经典案例，一经发布便受到社会的广泛关注并得到了相关领域专家学者的高度肯定。今年，第二届上海国际碳中和技术、产品与成果博览会将于 2024 年 6 月如期举行，在此背景下，我们编写了《第二届上海国际碳中和博览会绿色低碳供应链案例集》一书。本书通过专家委员会调研、考评等方式，遴选出了一批在践行绿色低碳供应链方面有突出表现的企业，通过分享他们的优秀实践成果以期为更多企业提供供应链绿色低碳转型的有效经验和发展指引。

本书涉及电力、电气、能源、汽车、化工、消费品、钢铁、金融等多个行业，从供应链碳中和实践、可持续采购与供应链管理、循环经济与废弃物管理、供应链数字化与创新技术应用、供应链社会责任与员工福祉以及合作伙伴关系与共同发展等多个维度对企业的绿色低碳供应链实践进行了阐述和剖析。这些企业不仅将绿色低碳融入自身的产品、技术和服务之中，更是利用自身力量带动上下游企业和合作伙伴共同践行绿色低碳理念，推动全价值链的可持续发展。

立足当下，放眼未来，双碳战略目标的提出对企业而言既是发展机遇，也是现实挑战。本书中的案例为我们展现了在新时代环境下贯穿企业原料采购、生产制造、仓储物流、销售服务全供应链环节的绿色低碳理念，也提供了抓住时代绿色新机遇、应对低碳转型新挑战的具体行动策略。绿色是新时代发展鲜明的底色，我国企业也将与国际社会一起，深度剖析问题、探索解决方案，以供应链低碳升级为手段，以“碳达峰碳中和”目标为指引，探寻低碳转型之路，携手应对全球性挑战，为推动全球可持续发展，共建繁荣清洁美丽的世界贡献中国智慧、中国力量。

本书由新华出版社、中国经济信息社、上海市国际展览（集团）有限公司和专业咨询机构普华永道商务服务（上海）有限公司共同组织编写。书中的案例评选和编写过程得到了专家委员会的悉心指导，来自各行各业的多位专家提出了宝贵的意见和建议。在此向所有参与人员表示衷心感谢。此外，感谢巴斯夫、博世中国、国家电网、欧莱雅、欧冶云商、上海电气、西门子中国、延锋、中国太保产险等企业（按企业名称拼音首字母排序）对自身绿色低碳供应链实践成果的不吝分享，为本书编写提供了扎实丰富的素材。

构建绿色供应链是推动绿色制造和实现可持续发展的关键途径，希望本书的出版能够启发各行业企业，为企业建设绿色低碳供应链提供灵感与方向，推动企业积极探索实践适合自身供应链的绿色低碳可持续发展道路，以砥砺奋进、开拓进取的精神为全行业甚至全社会的绿色可持续发展贡献力量。

编委会

2024 年 5 月

目 录

CONTENTS

目　录

CONTENTS

目　录

CONTENTS

第二届 2024 SHANGHAI
INTERNATIONAL CARBON NEUTRALITY EXPO
GREEN AND LOW CARBON SUPPLY CHAINS CASEBOOK

上海国际碳中和博览会
绿色低碳供应链案例集

巴斯夫

推动全产业链绿色发展转型

巴斯夫集团是可持续发展和气候保护的先行者与积极倡导者，早在 2018 年就提出明确的二氧化碳净零排放目标，并扎实向目标迈进。巴斯夫坚持以化学创新应对气候变化等全球挑战，加快科研创新脚步。一方面，减少自身生产运营碳排放，推动巴斯夫和整个化工行业的绿色低碳转型；另一方面，巴斯夫低碳可持续的创新产品和解决方案能够为各行各业的企业减少碳排放，助力下游企业实现减排目标，为推动整个价值链的可持续发展和绿色转型作出贡献。

巴斯夫通过大幅提高可再生能源电力的使用，开展多项二氧化碳减排项目，以及持续优化运营，使全球和大中华区的碳排放量在过去几年稳步下降。针对自身，巴斯夫坚持以化学创新应对气候变化等全球挑战，加快科研创新脚步，针对基础化学品开发全新的、低碳甚至零碳排放的生产工艺，推动巴斯夫和整个化工行业的绿色低碳转型；针对上游供应链，巴斯夫持续开展“供应商碳管理计划”，分享产品碳足迹计算方法和工具，推动上游供应商制定优化措施，合力减排；针对下游供应链，巴斯夫低碳可持续的创新产品和解决方案助力下游企业实现减排目标；面向合作伙伴，巴斯夫致力于提供所有在售产品的碳足迹数据，并携手行业伙伴推动整个化工价值链产品碳排放透明度和标准化。

一、巴斯夫的碳中和目标及战略

气候保护是巴斯夫的重要企业战略。早在2018年，巴斯夫就提出

图1 巴斯夫气候保护目标

宏伟的气候保护目标，并在过去几年不断更新调整。2023 年，巴斯夫宣布最新的气候保护目标，长远来看，希望到 2050 年实现范围一、范围二和范围三类别一的二氧化碳净零排放。短期目标是到 2030 年，范围一和范围二的二氧化碳排放量较 2018 年减少 25%，范围三类别一的排放量较 2022 年减少 15%。

（一）巴斯夫二氧化碳减排的三大重要举措

1. 使用可再生能源：持续增加使用可再生来源的电力；

2. 开发突破性新技术，减少二氧化碳排放：与合作伙伴一起，开发全新的、几乎零碳的生产工艺，尤其关注生产过程中能源密集的基础化学品的使用情况；

3. 持续优化运营：持续优化改进生产的能耗与流程效率。

（二）“外购 + 自建”

增加可再生能源的使用是减排的主要驱动力之一。巴斯夫采用“外购 + 自建”的方式，双管齐下，不断加大可再生能源的使用。巴斯夫希望在确保经济竞争力的前提下，最大限度地利用可再生电力。

“外购”方面，早在 2021 年，巴斯夫就成为国内第一批参与直接采购绿电交易的企业，同时也是当时长三角地区最大、珠三角地区第二大的绿电购买方。2023 年，巴斯夫和上海化工区共同牵头成立绿电联盟，希望为联盟企业引入长期稳定、有竞争力的绿电供应，以规模效应推动化工产业园区的绿色转型。2023 年至今，巴斯夫与包括国家电力投资集团有限公司、中国能源建设集团广东省电力设计研究院有限公司在内的合作伙伴签订了绿电直采长期协议，为巴斯夫湛江一体化基地采购可再生能源电力。2024 年 4 月，巴斯夫与新奥能源控股有限公司签署了一份为期15年的天然气购气合同，为其湛江一体化基地稳定供应天然气，这一举措也将进一步提升湛江东海岛的清洁能源供应力。

“自建”方面，巴斯夫多家国内基地已安装分布式太阳能光伏电站。2022年，在位于上海的巴斯夫大中华区总部，巴斯夫在国内的第一个企业储能电站正式投入运营。2023年，巴斯夫和明阳成立合资公司，建设并运营国内第一个中德合资海上风电场，总装机容量为500兆瓦。经相关部门批准后，该风电场预计将于2025年全面投入运营，其发电量将主要为巴斯夫湛江一体化基地提供可再生能源电力。

上述三大举措都可以助力巴斯夫减少自身排放，并作为供应商为下游客户提供更低碳的产品，帮助客户及各行各业实现可持续发展和绿色转型。

二、巴斯夫供应链碳中和实践

（一）赋能供应链供应商碳管理

作为一家跨国企业，巴斯夫关注供应商及其产品和服务以及整个供应链的可持续发展。为尽可能降低产品碳足迹，向客户提供可持续解决方案，巴斯夫不仅关注降低范围一和范围二的排放，更关注外购原材料，即范围三的上游排放数据。巴斯夫产品平均约70%的碳足迹来自外购原材料。

巴斯夫邀请供应商加入供应商二氧化碳管理计划，提高外购原材料的碳排放透明度。该计划分为两个阶段：第一阶段，为供应商提供支持，共享巴斯夫产品碳足迹评估方法及工具；第二阶段，与供应商共同明确降低温室气体排放的举措和目标。

为了提高采购的可持续性，巴斯夫制定《巴斯夫供应商行为准则》，联合发起“携手可持续发展”（TfS）化工行业倡议，要求供应商践行巴斯夫的承诺，这些举措在采购可持续性的整合和发展过程中发挥重要作用。

《巴斯夫供应商行为准则》参考国际公认的相关准则，涵盖遵守人权、反歧视、反腐政策和保护环境等相关法律法规。2023 年，亚太地区超过 2700 家新供应商承诺遵守《巴斯夫供应商行为准则》。

在“携手可持续发展”（TfS）倡议下，包括巴斯夫在内的 37 家化工公司就计算产品碳足迹的全球准则达成一致。巴斯夫根据既定的框架和严格的标准，对供应商进行可持续发展评估，并开展相关培训。2023 年，巴斯夫集团共进行了 89 次审计和 579 次在线评估；在大中华区，巴斯夫对本地供应商进行了 71 次现场审核和 206 次在线评估。

由“携手可持续发展”（TfS）成员与 EcoVadis[1] 共同举办的可持续培训网络研讨会是供应商发展的重要一环。2023 年，全球超过 2100 人参加了该网络研讨会。此外，TfS 还推出了全新在线学习平台“TfS 学院”，来支持价值链合作伙伴进一步发展与优化。该平台涵盖 ESG 相关主题，涉及 335 门课程，并支持 10 种不同的语言选择。

2023 年，德国技术检测机构莱茵 TÜV 集团（TÜV Rheinland）证实，巴斯夫产品碳足迹计算和报告方法完全符合“携手可持续发展”（TfS）的具体要求。巴斯夫是首家做到产品碳足迹全自动计算体系与 TfS 要求保持一致的企业。

（二）使用可再生原材料

巴斯夫采用生命周期分析方法，来评估使用可再生原材料的产品生

[1]EcoVadis 是一个帮助企业评估供应商的社会责任及环境情况的平台。

产和使用过程对环境的影响，通过竞争产品的生命周期分析找到更具有可持续性的产品。使用可再生原材料的产品通常更健康、更自然，对环境有积极影响，对客户和市场更具吸引力。可再生原材料的使用拓宽了原材料选择范围，减少了对化石资源的依赖。2019 年，巴斯夫在全球购买的原材料中约有 5.3% 来自可再生资源。这些可再生原材料来自多个不同的来源和加工环节，包括植物油、脂肪、谷物、糖以及木材等。

巴斯夫生物质平衡方案适用于旗下绝大部分产品，有助于在一体化生产体系中使用可再生原材料，为化工行业可再生原料的使用开辟了新领域。在巴斯夫生物质平衡方案中，可再生原材料作为一体化体系生产之初的原料，通过新的认证方法分配至相应的销售产品中。因此，生产获得认证的产品有助于节约化石资源，降低温室气体排放量，从而助力可持续发展。

巴斯夫生物质平衡方案有利于

- 节约化石资源
- 降低温室气体排放量
- 推动可再生资源的使用
- 已通过独立认证
- 达到相同的产品质量及特性

图 2　巴斯夫生物质平衡方案优势

巴斯夫已将此方法用于生产超强吸水剂、分散体、塑料与中间体等众多产品，并获得相应的独立认证。在成分与品质上，这些生物质平衡产品与传统产品并无二致，不但节约了化石资源，而且还能量化温室气体减排量。使用这一嵌入式解决方案，客户在获得具有相同性能产品的同时，还可以从中受益。

棕榈仁油及其主要衍生物是巴斯夫重要的可再生原料之一，主要用于生产化妆品、洗涤剂和清洁剂，还可以应用于营养领域。巴斯夫承诺从 2020 年起所采购的棕榈油及棕榈仁油全部经过可持续棕榈油圆桌倡议组织（RSPO）认证。2020 年，巴斯夫共采购 227213 吨经 RSPO 认证的可持续棕榈（仁）油。此外，巴斯夫在构建透明供应链方面也取得更多进展：实现全球油棕榈足迹原厂（榨油厂）可追溯性近 95%，共计 441107 吨。目前巴斯夫正全力专注完成 2015 年承诺中的延展部分：即到 2025 年实现对以棕榈油和棕榈仁油为原料的重要中间体（如脂肪醇、脂肪酸等）进行认证采购的承诺。

（三）减少整个价值链的排放

在生产基地和涉及合作伙伴的价值链上，巴斯夫继续努力降低业务活动产生的温室气体排放。巴斯夫的目标是通过改进生产装置的工艺和设置，不断降低发电厂和生产过程中产生的温室气体排放量。

巴斯夫确保资源有效利用的主要优势之一是践行能源一体化的理念，不仅将“一体化”理念应用于主要生产基地，还将生产和能源需求相结合以便提升能源效率。在生产过程中产生的废热被收集起来，用作其他生产装置的能源。2023 年，通过能源一体化，巴斯夫节省了约 1730 万兆瓦时电力，相当于减少 350 万吨二氧化碳排放量。

巴斯夫的第二大优势是热电联供技术。该技术使用热电联产（CHP）发电厂发电和供应蒸汽，总燃料效率接近 90%，是适合工业规模使用的前沿能源转换方法。在全球范围内，巴斯夫的生产基地由超过 25 家热电联产燃气涡轮发电厂提供能源，其中大部分由巴斯夫运营，热电联产技术能够满足巴斯夫约70%的电力需求。通过热电联产及综合能源一体化，巴斯夫在2023年共减少了570万吨二氧化碳排放。

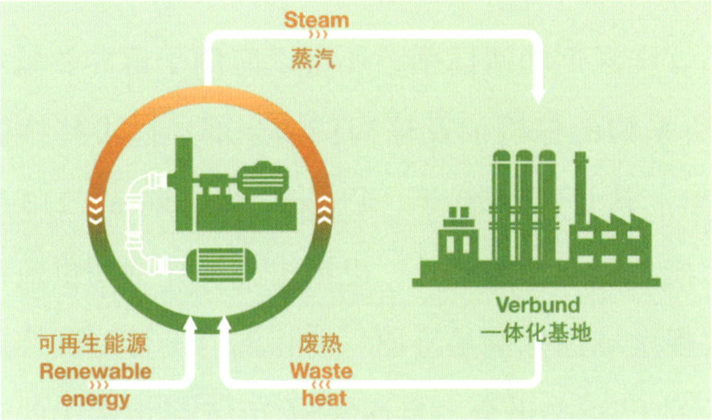

图3　巴斯夫一体化基地能源一体化示意图

（四）全电蒸汽裂解技术的开发和应用

目前全球的石油约有70%用作燃料，30%左右被加工成各类化学产品，而将石油加工为化学产品的第一步就是蒸汽裂解。蒸汽裂解也是巴斯夫温室气体排放量最大的工艺过程。蒸汽裂解需要850℃以上的高温，该温度必须依靠燃烧化石燃料（石油、天然气或煤炭）来获取。而如果能将这种加热方式改为电加热，并使用可再生能源电力，有望至少减少90%的二氧化碳排放量。因此，巴斯夫联合沙特基础工业公司、林德集团在2021年签署联合协议，并于2022年启动建设全球首个大型电加热蒸汽裂解炉（eFurnace）示范装置。该示范装置预计投入6兆瓦可再生能源电力用于蒸汽裂解，并完全集成到巴斯夫路德维希港一体化基地的蒸汽裂解装置中。目前，该项目已获德国联邦经济事务和气候行动部"工业脱碳"资助项目授予的1480万欧元资金支持，并于2024年初正式投产。

2024年，该示范装置已整合到路德维希港现有的蒸汽裂解装置中，利用饱和碳氢化合物原料生产乙烯、丙烯等烯烃，或长链烯烃。为了使这项创新技术发展至成熟的工业应用阶段，下一步需要收集商业运营条件下材料性能表现和工艺运行的相关数据及经验。在两个独立的电加热示范炉中对两种不同的加热工艺进行测试。一个示范炉进行直接加热，将电流直接施加到裂解管道上，而另一个示范炉则是利用放置在管道周围加热元件的辐射热进行间接加热。这两台电加热炉每小时共处理约 4 吨碳氢化合物原料，消耗 6 兆瓦可再生能源。

图 4 位于路德维希港的全球首座大型电加热蒸汽裂解炉示范装置 3D 图像

发电蒸汽裂解炉将有助于大幅减少化工行业的温室气体排放。在巴斯夫路德维希港基地，这套示范装置是助力巴斯夫迈出该技术工业化应用的最后也是关键一步。

（五）巴斯夫助力下游客户行业实现碳减排

案例一：B2Last——减少有机污染物释放与碳排放的沥青添加剂

随着重载交通日益频繁，极端天气频发，全球的道路都面临着巨大的压力，其耐久性受到了严峻挑战。通常情况下，沥青路面 10—12 年就需要进行更换。为了纾解这一困境，巴斯夫研发了创新型沥青添加剂 B2Last®，旨在延长道路的使用寿命，并在施工过程中有效降低碳足迹。

该添加剂基于异氰酸酯体系，将沥青各个成分交联成一个聚合物网络，从而改善沥青的回弹性，使道路在高温和低温环境下均具有更佳的耐久性和抗车辙性。使用这种新型添加剂后，可以实现在较低的温度环境下铺设路面，施工过程中沥青释放的有机污染物将减少 65%。由于道路铺设次数得以降低，沥青生产和铺设过程所需的能源也更少，有助于减少二氧化碳排放。此外，使用 B2Last 可以提高沥青混合料中再生沥青（回收沥青）的比例，从而减少与生产新沥青混合料相关的能源、资源和二氧化碳排放总量。

图 5　巴斯夫创新型沥青添加剂 B2Last®

案例二：OPTIMA Rice——与国际水稻研究所携手减少水稻碳足迹

水稻是全球产量最高的五种谷类作物之一。尽管水稻在全球范围内都有种植，但在亚洲产量占比最大。然而，由于水稻种植在地理位置上覆盖面广，且以湿地种植为主，需要大水漫灌，因此，水稻生产占据了因农业活动所产生的全球温室气体排放总量的 10%。鉴于水稻种植过程中产生大量碳足迹，相比于其他作物，水稻在减少温室气体排放方面的潜力巨大。

巴斯夫与国际水稻研究所（IRRI）开展合作，致力于减少水稻种植过程中的温室气体排放量。这一合作将在菲律宾拉古纳省的多个水稻季进行。巴斯夫与国际水稻研究所在该地均设有水稻研究中心。该项合作以 OPTIMA Rice 为项目名，旨在通过优化作物管理达到减少水稻温室气体排放的目的，以此助力巴斯夫实现到 2030 年将每吨作物的二氧化碳排放量（二氧化碳当量）减少 30% 的承诺。

巴斯夫和 IRRI 计划探索与水稻相关的气候智慧型耕作的诸多课题，包括直播稻品种、氮稳定剂、养分和残留物管理，为水稻种植户设计新型化学品以及节水技术，如交替湿润和干燥管理（AWD）等。此外，IRRI 还着手进一步优化其生态生理学模型 ORYZA，包括估算温室气体排放量的新型计算方法，以应用于该项目。巴斯夫将利用其可持续评估调研工具 AgBalance™，估算温室气体排放强度，并将与 IRRI 合作对其产品进行实地测试，以获取高质量的农艺和温室气体数据。巴斯夫和 IRRI 进一步开发和应用各种模型，以提高菲律宾和亚洲其他水稻种植区对应对气候变化和适应性方案的科学认知。巴斯夫和 IRRI 的最终愿景是支持水稻种植户实现生产系统的脱碳。

案例三：电动汽车固态电池包——减少能源消耗，延长使用寿命

巴斯夫作为全球领先的高性能材料供应商与全球领先的高性能正极

活性材料（CAM）供应商，在电动汽车行业与价值链上的多家行业领军企业和研究机构开展合作，推动行业发展。

2024 年 4 月，巴斯夫、长三角物理研究中心和卫蓝新能源科技有限公司共同推出了一款创新固态电池包，涵盖面向电动汽车行业的多种解决方案，助力轻量化、热管理、安全性能和可持续性表现。固态电池是下一代动力电池和储能系统的理想选择，具有能量密度高、安全性能好的特点。而这款概念固态电池包采用了 20 多种先进的高性能材料解决方案，如 Ultramid®、Elastoflex®、Elastan®、Ultradur®、Elastollan®、Elastocoat®、Cellasto® 和 HED™ 正极活性材料。

图 6　由巴斯夫、长三角物理研究中心和卫蓝新能源科技有限公司共同打造的概念固态电池包

该款概念电池包中的侧边冷却板和圆柱形电池支架均使用具有出色强度重量比的巴斯夫 Ultramid 材料。由 Ultramid 制成的侧边冷却板相较铝材可实现减重 55%；由 Ultramid Expand 聚酰胺创新预发泡粒料制成的圆柱形电池支架相较传统材料可减重 25%。轻量化解决方案能够降低能耗，延长汽车的行驶里程。

优化电池的热管理能有效提高电池的安全性和使用寿命。该款概念电池包采用由 Ultramid 复合材料制成的上盖和由 Elastoflex 制成的隔热垫片，协力确保电池在高温环境下安全运行。由 Ultramid 制成的侧边冷却板有效导热，并具有优异的电绝缘性，可实现相较铝材更出色的温度均匀性。

此外，巴斯夫的 HED™ 正极活性材料，通过减少副反应，具备良好的界面稳定性，并通过设计实现优化的固态电解质界面相容性，最终使得产品的比容量高、倍率性能好、循环稳定性高。此外，巴斯夫正极活性材料可与客户已有生产线兼容，易于实现商业化量产。同时，由巴斯夫材料制成的圆柱形电池支架和电池组上盖均可物理回收，有利于车企实现其可持续发展目标，减少碳足迹。

三、巴斯夫的资源循环利用解决方案

为了实现价值链闭环，延长产品价值链，巴斯夫正在为所采购的资源设置和实施循环利用解决方案，进一步优化运营方式，为客户提供资源节约型产品和服务，助力循环经济。

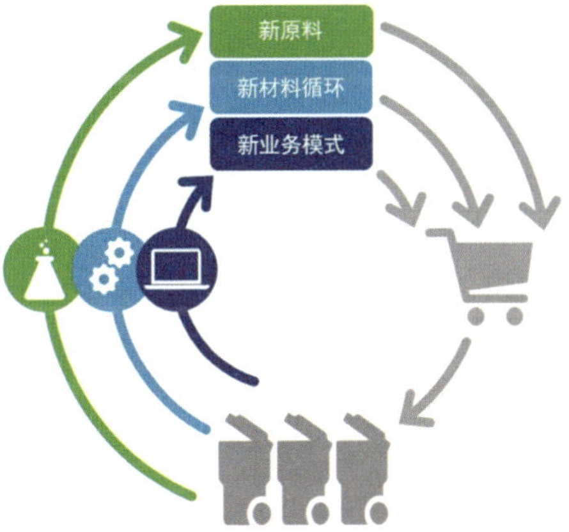

图 7　巴斯夫循环经济计划示意图

巴斯夫希望通过不断增加回收及可再生原料的使用量、打造新材料循环、创造新业务模式，来促进循环经济的发展。为此，巴斯夫启动了一项新的循环经济计划，力争到2030年循环经济解决方案相关销售额实现翻倍，达到170亿欧元。为实现这一目标，巴斯夫聚焦原料循环、新材料循环和新业务模式三大领域，计划到2025年每年加工25万吨再生、废弃物回收原料，以取代化石原料。

以下为巴斯夫作为供应商与客户共同研发的助力循环经济的成功案例：

案例一：水性丙烯酸涂层纸杯用纸——小纸杯守护大未来

纸杯通常并不属于可回收废弃物，原因在于纸杯内壁敷有一层聚乙烯（PE）塑料淋膜，这层淋膜在纸杯使用阶段能够起到防烫防漏等作用。但在回收阶段，由于现有技术和设备难以将这层淋膜材料和纸张纤维分离，所以一次性纸杯最终还是需要以焚烧或填埋的方式进行处理。

与此同时，纸杯用的纸张通常是品质极高的纸张，既有优异的机械性能，又能做到可接触食品，这样的优质资源无论被焚烧或是填埋都非常可惜。过去被认为是合理的焚烧方式，因造成大量直接排放而备受质疑。因此，当前的重要课题便是提高高品质纸基包装材料的回收循环利用率。

在上海外资协会的支持下，巴斯夫联合下游价值链合作伙伴，共同开发了水性涂层纸杯，该纸杯采用巴斯夫的水性聚丙烯酸乳液，替代了传统的聚乙烯（PE）淋膜。聚丙烯酸涂层纸杯不仅容易被切割，而且易于和纸张纤维分离。在达成防水密封性能的基础上，这种纸杯能直接送进现有的造纸设备中回收利用，从而将回收的纸杯制成全新的纸张。因此，每年上千亿个纸杯和上百万吨的优质纸张资源将得到再利用，不仅减少了废弃物处理产生的碳排放，还减少了森林的砍伐。据统计，每回收1吨的纸杯，就能重新制造0.9吨以上的纸浆。考虑到聚丙烯酸涂层的成本相比聚乙烯淋膜并没有高出很多，回收这种优质的纸张资源不仅具有巨大的社会和环境效益，经济上也有一定的可行性。

这样的工艺流程，使废弃纸杯可以不再通过焚烧或填埋处理，而是直接利用现有工艺和设备回收再加工成新的纸张或纸制品，以此达到减排目的。从另一个方面看，回收丙烯酸涂层纸杯是实现废纸再造的重要一步。纸杯使用量大、使用面广，全面推进这项技术和产品，对减少森林砍伐具有重要意义。值得一提的是，回收丙烯酸涂层纸杯是基于现有回收条件分离纸张中的油墨、食物残渣以及丙烯酸涂层，无须额外设备或工序。

丙烯酸涂层纸杯的环保优势显而易见，然而实现全面推广仍需各方支持。举例来说，在回收时，如果丙烯酸涂层纸杯中夹杂了塑料淋膜纸杯，设备将无法剥离塑料淋膜与纸杯，从而降低丙烯酸涂层纸杯回收率。因此，巴斯夫也在携手更多价值链伙伴，为进一步加速纸基食品包装材料迈向低碳化，提升产业高质量发展，助力新质生产力发展而努力。

案例二：loopamid——首款 100% 由废旧纺织品制成的聚酰胺 6

2024 年初，巴斯夫和 Inditex 共同宣布，双方在提高纺织业回收利用方面取得突破性进展。loopamid® 是巴斯夫首款 100% 由废旧纺织品制成的聚酰胺 6（PA6）。Inditex 旗下品牌 Zara 采用巴斯夫 loopamid 制成的胶囊夹克完全由废旧纺织品制成，证明“从纺织品到纺织品”的循环利用切实可行。

这款夹克从 2024 年 1 月 23 日起在全球范围发售。通过“面向再生的设计”方法，包括面料、纽扣、填充物、钩环和拉链在内的所有部件都由 loopamid 制成。

巴斯夫通过 loopamid 开发出一种创新性解决方案，可改善时装业的循环性，并回收 PA6 废旧纺织品。由于 loopamid 能够耐受 PA6 和氨纶等所有织物混合物，其背后的尖端技术能够助力回收工业后和消费后废旧纺织品，实现纺织品的循环利用。这种纤维及材料可以多次循环利用，同时材料特性也完全等同于常规原生聚酰胺。

图 8 Inditex 采用巴斯夫 loopamid® 制成胶囊夹克

这是巴斯夫在推动时装业循环利用方面的重要里程碑，开启了聚酰胺纺织品循环利用的先例。loopamid 具有彻底改变 PA6 市场的潜力。巴斯夫也正在扩大技术规模，以便为客户提供商业量级的材料，进一步推动纺织业可持续发展的转型。

四、巴斯夫的供应链数字化与创新技术应用

案例一：创迈思 trinamiX 红外光谱仪——便捷高效的塑料废物分类工具

巴斯夫子公司创迈思 trinamiX GmbH 所研发的便携式近红外（NIR）

谱仪解决方案，只需一个按钮，即可实现超过30多种塑料材质的现场即时监测和识别；识别范围包括PE、PP和PVC在内的经典聚烯烃到ABS、PA等技术塑料，以及15种纺织品材料。通过trinamiX技术，一般用户即可以快速直观精确地检测出不同塑料成分，并通过下载trinamiX特定移动应用程序进行trinamiX数据分析，实现用便携式手持设备对材料进行分类，通过其解决方案建立定制化的深入分析和报告。

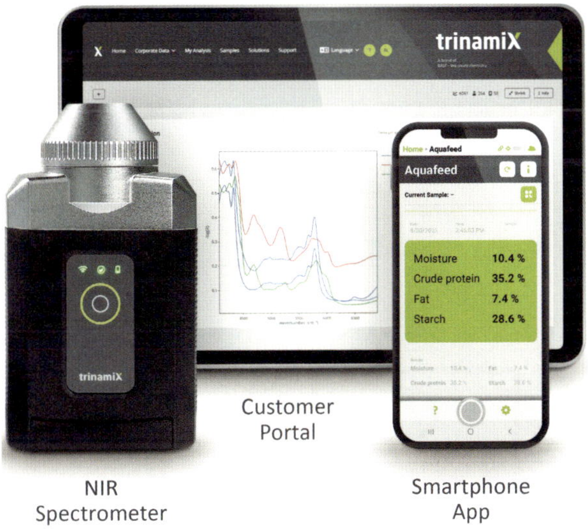

图9 trinamiX红外光谱技术

创迈思的移动近红外光谱解决方案为循环经济行业带来了更高的回收价值和再生效益。目前，循环经济行业面临的主要挑战之一是全球缺乏高质效的回收手段，而建立循环的一个关键步骤，也是回收过程的第一步，是对塑料废物进行分拣。传统的分拣方法受限于各种客观条件，而创迈思小巧灵活，可随身携带的近红外光谱仪让现场分拣的难题迎刃而解。

在纺织行业方面，创迈思的解决方案开辟了提升纺织品回收领域潜力的新途径。纺织品回收机构可以现场即时分选不同材质的纺织品，提高回收效率。纺织品的回收再生企业也可以通过这种快捷易用的掌上解决方案来实现尼龙 6 等目标材质的高效回收，以配合后端循环的需求。

案例二：巴斯夫产品碳足迹数字化解决方案

巴斯夫不断努力争取在 2050 年前实现二氧化碳净零排放，同时，为了提高产品碳足迹的透明度，巴斯夫还开发了一套数字化解决方案，用来计算其 4.5 万款在售产品“摇篮到大门”的碳足迹，并提供这些产品碳足迹的数据，使客户获得有价值的信息。明确知道采用巴斯夫的材料将为其业务活动和成品带来多少碳排放量，不仅可以让越来越多的客户在采购决策时将环保纳入考量，也可以帮助他们制定和实现减排目标。

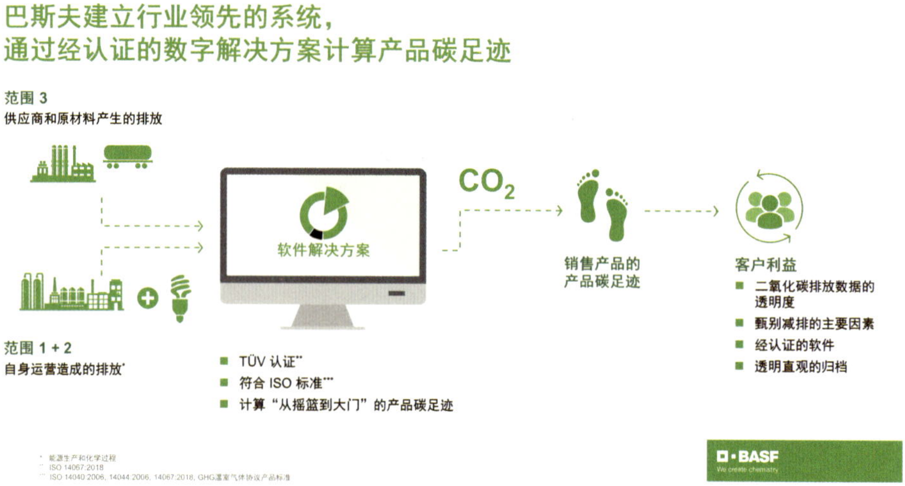

图 10　巴斯夫产品碳足迹数字化解决方案示意图

巴斯夫产品碳足迹的计算基于其自身生产装置的温室气体排放量，以及所采购的原材料和能源的高质量平均数据。一旦供应商能提供原材料的具体碳排放数据，巴斯夫将逐步替代这些平均数据。

产品碳足迹为客户提供了减少温室气体排放的宝贵信息。巴斯夫通过使用可替代原材料为客户创造附加值，帮助客户减少其产品的碳足迹。

五、巴斯夫与合作伙伴共同发展

（一）可持续评估方法 TripleS（可持续解决方案指导）

过去几十年里，社会和客户日益关注企业对可持续发展的贡献。巴斯夫采取了可持续解决方案指导（TripleS），围绕在未来更有针对性地在气候保护、资源效率和循环经济这三个方向进一步开发产品组合，以创新的解决方案满足市场不断增长的可持续发展要求。

图 11　TripleS（可持续解决方案指导）示意图

巴斯夫自 2012 年起实行 TripleS 这一方法，约有 80 个业务部门的数千名专家参与其中。过去几年，巴斯夫在原有基础上更新了这一评估方法，对其 4.5 万种产品进行重新评估，并制定新的 KPI，即“可持续未来解决方案”（包括先锋型产品和贡献型产品）的销售额占比从 41.4% 提高到 50% 以上。

按照新的评估方法，巴斯夫可以更高效地确定哪些产品既具有创新性又有助于可持续发展，以及哪些产品组合需要进行调整，具有重大缺陷的产品将在其被归类后的5年内从市场中逐渐淘汰。更新后的TripleS将适用于巴斯夫在全球范围内的所有产品组合及其所对应的应用。

通过使用更新的TripleS方法，巴斯夫致力于在评估过程中更深入地整合各转型议题，并提高巴斯夫产品组合对碳管理贡献的透明度。这些转型议题涵盖为减轻价值链受气候变化的影响和降低能源消耗作出贡献，利用巴斯夫产品推动循环利用，以及在生产过程中或价值链中减少资源使用。

（二）可持续发展共建联盟

巴斯夫认为，要想真正推动可持续发展，贯穿价值链的创新合作尤为重要。因此，2021年10月，巴斯夫与道生天合、红宝丽、化工区升达、华恒生物、华润雪花啤酒、凯迈生物、朗诗控股、荣庆物流、彤程新材、西陇科学、翔峰集团、一诺威、中外运等价值链上下游伙伴，携手成立了可持续发展共建联盟（Sustainability Covalence）。该联盟旨在聚拢产业链合作方，通过分享可持续发展最佳实践、开展创新的合作项目，共同为社会、经济和环境保护创造价值。

联盟名字中“共建”二字灵感来源于化学名词“共价键”（Covalence），指的是两个或多个原子共同使用它们的外层电子，寓意是联盟创始企业之间具有相同的愿景，共担重任，为推动我国可持续发展，及助力国家双碳目标的实现作出贡献。

联盟成立后的首批项目将专注于减少碳排放。巴斯夫将与每个创始企业共同打造包括节能房屋、安全耐用的塑料产品应用、低碳运输及可持续食品饮料包装在内的多个减排项目。

六、总结与未来展望

随着全球气候变化的加剧，碳中和已成为全球经济发展的重要课题，而化工行业作为能源密集型产业，自身的绿色转型对实现碳减排意义重大。作为全球领先的化工公司，巴斯夫始终致力于应对气候变化，并围绕这一领域不断创新和发展，将自身的责任扩展至采购、生产乃至循环的全部价值链活动中，努力实现气候中和目标，并助力于我国的高质量发展和绿色低碳转型。

巴斯夫将不断加强碳管理，做好碳排放的监测和控制，推动碳管理的规范化和科学化，实现 2050 年二氧化碳净零排放。同时，巴斯夫将通过持续的研发和创新，推动气候友好型工艺技术的发展和应用，扩大可再生能源使用规模，进一步提高能源和资源的使用效率。此外，巴斯夫也将进一步加强与供应商、客户和合作伙伴等各方的交流合作和研发创新，推动全产业链绿色发展转型，减少产业链碳足迹，携手迈向更低碳、更绿色的未来。

企业介绍：

巴斯夫（BASF）是世界领先的化工企业，致力于通过化学创新推动社会的可持续发展。公司产品分属化学品、材料、工业解决方案、表面处理技术、营养与护理、农业解决方案六大业务领域，在全球拥有约 11.2 万名员工。2023 年全球销售额为 689 亿欧元，股票在法兰克福（BAS）证券交易所上市，并以美国存托凭证（BASFY）的形式在美国证券市场交易。

作为我国化工领域重要的外商投资企业，巴斯夫主要的生产基地位于上海、南京、重庆和湛江（建设中），上海创新园是巴斯夫亚太地区的研发枢纽。2023 年，巴斯夫面向大中华区客户的销售额约为 94 亿欧元，截至年底巴斯夫大中华区员工人数为 12115 名。

目前，巴斯夫在大中华区拥有 27 个主要全资子公司、11 个主要合资公司以及 25 个销售办事处。巴斯夫在大中华区的业务包括石油化学品、中间体、特性材料、单体、分散体和树脂、特性化学品、催化剂、涂料、护理化学品、营养与健康和农业解决方案。巴斯夫迄今在大中华区投资逾 100 亿欧元（与合作伙伴共同投资逾 140 亿欧元），建立了具有竞争力的本土生产、市场营销、销售、技术服务和创新网络。

博世中国

科技成就生活之美

作为新质生产力的引领者，博世始终以“科技成就生活之美”为愿景，为汽车、工业、消费品、能源及建筑领域赋能。围绕气候行动、水、循环经济、人权、多样性及健康六个维度设定可持续发展战略目标，博世实施提升能效、扩大自有可再生能源、采购绿电和碳汇补偿减碳战略，布局氢能源，致力于交通和建筑领域清洁化、智能化，扩大光伏装机规模，通过提高材料效率和使用可再生材料等途径，加速循环经济模式，实施“零废弃物填埋”项目，减少产品全生命周期碳排放。凭借数字化创新举措，博世入选新晋全球“灯塔工厂”名单，继续推动汽车电动化、智能化的绿色转型和互联工业等多领域的实践与突破。

一、企业碳中和目标及战略

碳减排已成为我国汽车产业向高质量发展转型过程中的重要话题。无论对于实现双碳目标，或是全球气候行动的开展，我国汽车产业的碳减排都起着至关重要的作用。对博世集团（以下简称“博世”）而言，可持续发展意味着企业的商业活动在经济、环境和社会三个维度要达到平衡，负责任的公司治理需要这样的平衡。中国是博世全球最大的单一市场，博世正在积极支持中国汽车产业的低碳发展。

（一）目标愿景

早在 2018 年，博世就可持续发展管理的重点领域设置了目标愿景，即气候行动、水、循环经济、人权、多样性及健康六个维度。这些维度源自对市场和竞争对手的分析，为博世的行动制定了框架。从材料商品的采购到博世场地内制造运营，到产品使用和最后的处置，博世的可持续活动贯穿整个价值链。

（二）行动战略

博世采取了四管齐下的战略，即提升能效、扩大自有可再生能源、采购绿电和使用优质碳汇补偿剩余的碳排放，全球 400 多个业务所在地自 2020 年已经实现碳中和（范围一和范围二）。2023 年，约 58.1 万吨不可避免的碳排放通过优质碳汇得到补偿（范围一、范围二、范围三依据《企业温室气体核查与报告标准》界定）。

自 2019 年，博世中国实施了 890 多个节能项目，累计节能约 1.53 亿千瓦时。2023 年，博世中国区新增节能项目近 220 个，节能约 2700

万千瓦时；中国区工厂使用自有光伏可再生能源电力达 3600 万千瓦时，较 2022 年增长 20%。博世在 2023 年还实施了多个项目，扩大了光伏装机容量，中国区采购的电力已经实现 100% 绿色电力覆盖。截至 2023 年底，博世中国有 9 家工厂凭借在可持续发展方面的表现被评为国家级绿色制造工厂。

博世集团非常注重合理用水、保持水资源。博世根据世界自然基金会提供的水风险评估工具对公司业务所在地进行分析，确定了 72 个位于水资源最短缺或严重短缺地区的业务所在地。博世设定了目标——到 2025 年，这 72 个业务所在地年度总用水量在 2017 年的基础上节约 25%。博世在 2023 年实现了这一目标，在过去几年，相应业务所在地的用水量下降了约 25.6%。2023 年，博世中国 7 个缺水地区业务所在地用水较 2017 年下降了 24%。节水措施和项目在博世中国各业务所在地广泛开展。

二、供应链碳中和实践

国家发改委、国家能源局联合印发的《氢能产业发展中长期规划（2021—2035）》明确指出，以实现双碳为总体方向，氢能是未来国家能源体系的重要组成部分，也是绿色低碳转型的重要载体和未来新兴产业的重点发展方向。博世作为全球化布局的大型工业企业，很早就把可持续、碳中和的理念融入到产品开发当中。未来三年，围绕气候中立目标，博世将投入 30 亿欧元用于技术创新。其中，绿氢是发展战略重点之一。在我国，博世持续布局氢能，并加速在交通运输、建筑能源领域率先实现了商业化。

博世拥有广泛且高度多样化的产品组合。博世的产品能让智能出行变得安全、可持续，也能在家庭生活中经久耐用，还能高效并可靠地控制工业设备和机械。尽管产品在细节上有所差异，但他们都秉持着同一个理念：“科技成就生活之美。”

（一）智能出行领域

1. 燃料电池出行——氢动力产品

在博世最大的业务板块——智能出行领域，博世为氢燃料电动车的市场化发展提供智能化、互联化的氢动力产品。例如，在 2022 年中国国际进口博览会（以下简称“进博会”）首次亮相的燃料电池多功能功率控制器，由博世本土团队开发完成，可配套不同功率的氢动力模块，大幅提升系统效率。配合展出的额定功率为 134 千瓦的氢动力模块，通过网联控制单元、云计算、数字孪生等人工智能方法，优化

图 1　博世氢动力模块

系统控制策略从而降低氢耗，提升产品寿命，全方位提升服务与用户的用车体验。

博世利用丰富的应用经验，专注研发氢动力系统和关键零部件。与伙伴合作共同开拓氢动力电动车市场，实现了氢动力系统和关键零部件的深度国产化，助力客户更好地满足市场需求，为客户提供全面的本地支持与服务。氢动力模块利用氢能为汽车驱动提供电力，是一款高经济性、高环境适应性、高安全性、高智能化的商用车氢动力系统解决方案，可满足商用车全生命周期需求。目前，博世已面向市场推出三款氢动力模块产品，额定功率分别为 75 千瓦、134 千瓦以及 190 千瓦，全面覆盖城市出行、物流、中重型长途运输等商用车典型场景。博世通过完善的系统工程服务，提供全面的燃料电池产品组合和灵活的解决方案，包括电堆、空气、氢气和热力子系统的高效关键组件，以及广泛的传感器产品组合。

2. 新能源出行——电力驱动解决方案

博世还致力于为客户开发广泛、多样的可持续解决方案，例如面向电气化出行的电驱系统和新型制动系统、商用车智能化氢动力模块及采用轻量化材质打造的 ABS 模组等。博世全力加速燃料电池和电气化等产品在中国的产业化进程，以绿色低碳和可持续发展为突破口，引领传统汽车动力总成的创新转型，推动产业结构的优化升级，助力中国汽车行业拥抱汽车新时代。其中，博世电桥 eAxle 系统是一种紧凑且价格更经济的电力驱动解决方案，适用于纯电动汽车和混合动力应用。电机、逆变器和传动部件整合在一个紧凑的单元中，直接驱动车轴，动力总成系统不仅变得更加高效，价格也更为经济。博世电桥系统可用于各种电动或混合动力车辆。模块化设计套件和灵活的制造理念有助于在功率输出、扭矩和安装空间方面定制解决方案。

图 2　博世电桥 eAxle

3. 其他实践

在产品销售与使用端，博世通过新型雨刮系统研发以节约资源、更换运输防震材料以节省纸张、回收商用车喷油器再利用等方案，进一步帮助减少碳排放。

博世也在积极赋能本土氢能产业发展。在无锡建立首个德国以外的氢燃料电池中心，分别携手庆铃、威孚和潍柴共同投资合作，推动本土市场氢动力系统和固定式燃料电池的发展。

在苏州，博世智能制造解决方案中国事业部设有涉氢实验室，为客户提供氢燃料电池电堆及系统的测试服务，以及相关设备的开发和运营。

图 3　博世消费品业务

（二）家用电器和舒适科技领域

自然资源保护协会的资料显示，我国 70% 以上的碳排放来自城市，其中近 1/3 来自那些为大型建筑供热、制冷和供电的能源。因此，实现双碳目标离不开城市减排。为达到碳中和目标，博世在家用电器和舒适科技领域启动了多个项目。例如，采用天然沸石矿物的博世洗碗机，该洗碗机比传统电器的能耗低 20%。此外，博世舒适科技正在从天然气供暖系统过渡到氢气供暖系统，以减少家庭的碳排放。

1. 博世热力氢能采暖系统 Condens 8700iW

博世于 2022 年进博会首次面向中国市场推出以混氢为能源的高端冷凝式燃气采暖热水炉——博世热力氢能采暖系统 Condens 8700iW。这款产品由德国原装进口，专供别墅、大平层等有较大采暖及热水需求的住宅，目前可使用 20% 混氢能源，不仅为建筑提供弹性灵活的采暖和热水，还有效减少了碳排放。在未来，当燃烧能源由天然气转换为 100% 纯氢气时，这款混氢锅炉只需简单改造就能获得氢气适配性，燃烧 100% 纯氢燃料，实现零碳排放。

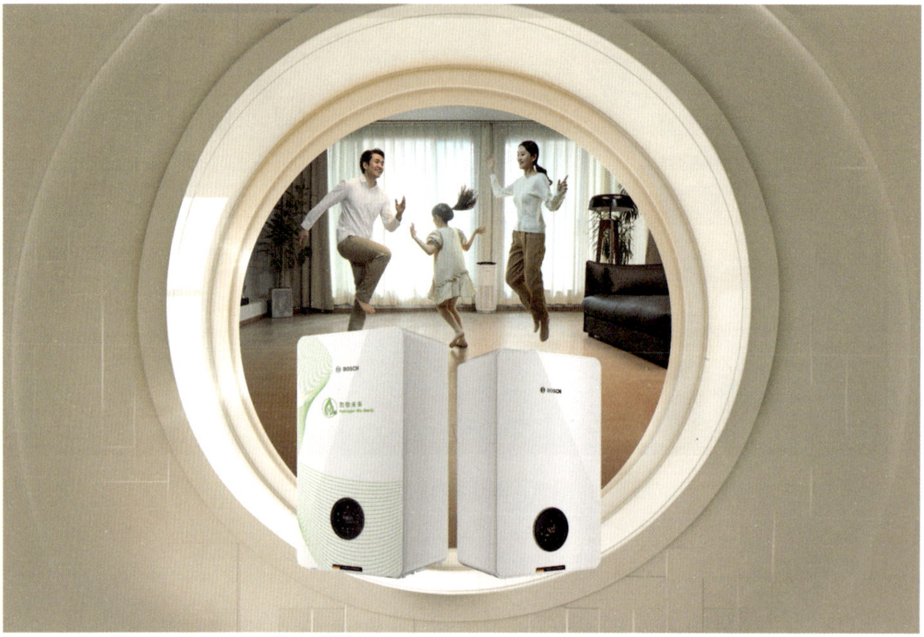

图 4 博世能源与建筑技术

2. 博世洗碗机

博西家用电器（中国）有限公司还独创性地将沸石应用于洗碗机当中，并研发出多达 23 项配套专利技术，统称沸石烘存科技。搭载此技术的博世空间大师洗碗机，利用天然矿石吸湿放热，将湿气转化为 80℃高温热流，显著降低了能耗，节能效率达 23%，实现“一级能效”超强节能；此专利沸石烘存科技 2008 年问世以来，经历了多次迭代更新，如今已经进步到沸石烘干 4.0。通过技术的不断研发和创新进步，沸石洗碗机的吸湿量和烘干阶段气流温度逐步提升，从 3D 气流的引入到最新一代沸石，实现了革新 96 小时节能抑菌储存并达到一级保管效果。而即使是 96 小时超长待机储存，也只消耗 0.1 度电，节电效果惊人。

此外，环保节能同样是产品开发的重点：博世洗碗机搭载可循环使

图 5 博世洗碗机

用的专利沸石，相比传统电器更加节能；而博世舒适科技最新的博世智能混氢混动舒适系统可实现 108% 热效率，并减少 40% 的碳排放。

（三）博世致力于改善自身材料流

博世将可以用来改善自身材料流或在公司内部实现闭环的措施组合在一起。这是博世循环经济战略中最复杂的措施，也是最具潜力的一项。再利用、维修和再制造相关的措施延长了产品的生命周期，而与产品回收相关的措施也使旧设备（如退回的租赁设备）的主要材料和部件得以回收利用。

1. 博世动力总成青岛工厂

博世动力总成青岛工厂为内燃机车的大引擎提供喷油器和喷油泵，

其主要零部件的设计寿命可达30年，而有些易损件，如密封件或运动部件需要定期维护更换以确保产品性能。青岛工厂将从客户回收的旧喷油器和喷油泵进行拆解、清洗、检测、更换易损件，重新装配测试后，返还给客户。经过博世原厂再制造的大引擎喷油器和喷油泵，凭借高标准的装配工艺、测试标准、质量标准和技术性能，获得了客户的认可。博世大引擎喷油器和喷油泵产品在铁路机车应用中的再制造比例高达68%。

2. 苏州博世汽车电子事业部

为了积极响应政府以及公司节能减排、绿色低碳供应链的号召，2023年苏州博世汽车电子事业部物流包装组深度挖掘包装物减排途径。

通过优化产品在箱子里的摆放方式，提高单箱以及单托装载量，其中单托装载量提高了78%。降低了包材的采购以及运输消耗，相应地降低碳排放。

通过增加包材强度，取消保护外箱的使用，将优化后的注塑托盘直接堆放在托盘上，增加了托盘的装载量，单托装载量提高122%。此举减少了塑料包材的使用，同时也减少了运输消耗，降低了碳排放。

通过充分调研产品以及产线流程的特殊性，加以模拟测试，找到满足需求的更经济的包材类别，同时降低其厚度或者重量，从而减少塑料包材的使用量，降低塑料包材生产环节中的碳排放。2023年，共计减少了41吨的塑料包材的采购。

在评估了投入成本、返空成本、清洗费用以及管理成本等的基础上，将包材由原来的一次性包装变更为循环包装，大大减少了包材生产环节以及处理废旧包材环节产生的碳排放。

最终，将包装设计流程标准化、透明化。用数字化工具协助包装设计人员去选择最合适的包装材料，优化产品在包装内的摆放，从而避免过度包装，避免包材的浪费，避免过多的碳排放。通过以上方式，2023年共计减少碳排放约 422 吨。

3. 博世深圳工厂

多年以来，博世深圳工厂雨刮杆包装出货所用的包装均为一次性纸质包材，存在包材通用性低、包材规格多、占据大量仓储面积、成品包装效率低、一次性包材不能回收利用、成本优势不明显、包材对产品保护不足、客诉外观不良等问题。

为了改善以上痛点，结合 EPP 材料天然独到的特性（良好的缓冲性能、耐热性、重量轻、无毒性、环保性、使用寿命长等），博世深圳工厂于 2022 年启动包装优化项目，引入 EPP 托盘式包装方案。截至目前，汇总分析了全厂刮杆型号，按订单量大小筛选优先级，共设计了多款 EPP 结构。达成以下效益：每托成品的收容数量提升约 40%，成品包

图 6　首届碳博会博世展台

装效率提升55%，每年少用纸质包装约208吨，每年少用木材约321吨，每年少用塑料约40.8吨，每年减少二氧化碳排放约333吨。

（四）博世亮相首届碳博会——分享低碳新科技

在首届上海国际碳中和博览会上，博世作为全球领先的技术与服务供应商，亮相低碳智慧出行展区，在展台现场设置新能源电力驱动系统、转向系统与驾乘安全、循环再利用与短距离绿色出行、自动驾驶赋能智慧出行四大专区，分享自身创新科技如何打造可持续、安全和舒适的未来出行愿景。

1. 电气化领域

当前，博世持续投资电气化领域，提供多元技术与产品以满足不同车型需求，推动新能源汽车市场的蓬勃发展。

在首届上海国际碳中和博览会上，博世不仅展出了应用于纯电动车的无级变速器CVT4EV，还带来了可适配于各款车型的eAxle电桥系统。作为一种灵活、紧凑且高性能的电动车驱动解决方案，该系统可根据客户需求提供主驱动系统或是搭配电子离合器提供额外动力和性能的辅助驱动系统。

此外，博世两轮车及运动车辆事业部首次展出的轮毂电机和驱动控制单元专为电动两轮车设计，并具有使用寿命长、可靠性和舒适性高等特点，可满足我国消费者基于通勤、街头共享电动车、“最后一公里”等短距离出行场景下的不同需求。

2. 出行智能化

在出行智能化领域，博世也注重实现能源的高效利用和舒适的驾乘体验。一方面，博世致力于推进智能转向系统与驾乘安全领域的出行技术。此次展台上，博世展示了体积更小、重量更轻的新一代模块化制动系统。通过和ESP® 10配合使用，该系统能为车辆提供强大的动态减压性能，同时支持自动驾驶所需的制动冗余需求，还能帮助混动和电动汽车在高达 0.3g 减速度（覆盖日常驾驶大部分减速工况）下，实现几乎 100% 能量回收，从而有效提升续航里程并减少二氧化碳排放。

另一方面，博世也通过加速高阶智能驾驶技术的发展推动低碳智慧出行。展台现场以 AR 互动体验的形式展示了博世智能驾驶的诸多功能，包含以道路标志识别、针对电动两轮车的自动紧急制动、交通拥堵辅助以及遥控泊车辅助等为代表的泊车高级驾驶辅助功能等。

3. 循环经济

循环经济战略同样贯穿于博世产品研发的价值链，塑造绿色的生活方式。售后环节，博世汽车通过在市场上回收失效的博世旧件并更换重点部分配件，为车辆修理厂提供高质量、综合性的交换件产品品类。其中，在这次展会上展出的博世原厂交换件已推出了数字化工具，有效支持循环经济模式以及业务的可持续增长。

（五）低碳实践，收获满满

博世中国凭借四管齐下实现企业自身碳中和（范围一和范围二）、助力双碳目标、循环经济助推产品全生命周期可持续的亮点，获得第一批“上海市现代环境治理体系示范企业”称号。该奖项由上海市生态环境局、上海市发展和改革委员会历经两年调研评选，旨在助力“让现代治理引领未来”，创造城市生态环境治理新模式，博世中国是四家获奖企业中唯一的外企单位。

为鼓励我国制造业发展，2015 年工信部公布了绿色制造名单。截至 2023 年底，博世中国区已有 9 家工厂凭借在可持续发展方面的表现被评为国家级绿色制造工厂，其中博世华域的三家工厂（武汉工厂、南京工厂和烟台工厂）于 2023 年获评国家级绿色工厂。

三、可持续采购与供应链管理

2023 年，博世中国区工厂使用自有光伏可再生能源电力达 3600 万千瓦时，较 2022 年增长 20%。

博世在 2023 年实施了多个项目，扩大了光伏装机容量。博世华域武汉和南京工厂扩容了现有光伏设施。其中，南京工厂的光伏容量从 1.5 兆瓦增加到 4.1 兆瓦，可满足该工厂未来约 23% 的全年电力需求；武汉工厂的光伏发电容量预计增加 3.89 兆瓦，总容量将达到 4.99 兆瓦，有望满足工厂全年用电需求的 17%。此外，博世中国区采购的电力已经实现 100% 绿色电力覆盖。

为了减少采购过程中的上游二氧化碳排放，博世参考有效透明的碳排放数据，结合具体的 SBTi[1] 承诺，与供应商签订总体目标协议，从而提升减碳绩效。2023 年，约 2200 家供应商通过 CDP 平台提供碳排放信息，其中包括约 20% 的中国供应商。

四、循环经济与废弃物管理

（一）循环经济

通过循环经济战略，博世希望助力产品全生命周期的可持续——从采购、生产到使用、回收和再制造，一直到材料的回收和再利用。为此，博世努力在集团内部直接实现循环，或借助公司外部既有的回收流程实

[1]SBTi 承诺是指企业自愿承诺制定科学的温室气体减排目标，承诺企业表明愿意积极为气候行动作出贡献，并使自己的商业实践与《巴黎气候协定》的目标保持一致。

现闭环。这样，集团减少了材料使用和产品的碳足迹[1]，助力实现范围三的减碳目标，同时还避免了与环境和社会标准合规相关的潜在风险。建立材料闭环系统有利于减少价值链中的风险部分（例如原材料的采购）。博世通过以下几个途径实现循环经济战略：

1. 途径一：材料效率

提升材料效率是实现循环经济的一种高效途径。多年来，材料效率一直是博世产品开发过程中的固定标准，它植根于我们的环境友好设计（DfE）原则。根据这一原则，产品开发过程中优化设计概念，使用尽可能少的材料来实现产品。这样不仅减少了碳足迹，也降低了产品的制造成本。

案例：减少重稀土元素镝（Dy）使用量

博世电动工具杭州工厂携手供应商对工艺进行改进，极大减少了重稀土元素镝的使用量。电动工具的无刷电机需要添加镝保持磁性能。以前镝和其他材料均匀混合之后压制烧结成磁粉晶粒。而现在磁粉晶粒在压制阶段不含镝，通过磁粉晶界扩散工艺将镝扩散至磁粉晶粒表面，减少 80% 的镝用量，产品仍符合工艺要求。而对于功率相对较低的无绳工具，磁粉晶粒通过高端气流磨新工艺缩小粒径，实现镝的零使用。昂贵的稀土元素镝每年用量减少 98%。该项目被授予博世集团“可持续发展和环境安全健康奖”。

2. 途径二：再生材料

再生材料涵盖了钢铁、铝或塑料等材料的一切经济闭环措施。通过这种方式，博世减少了原材料的使用，降低了对环境的影响，也降低了

---

[1] 除非另有说明，碳足迹考虑了从原材料提取到运输、生产、销售和使用直至产品处置（从摇篮到坟墓）的所有温室气体排放（参见 DIN EN ISO 14067）。

原材料开采过程中影响人员健康的风险。

通过使用再生材料，获得的成果更加引人瞩目，因为博世已经具备技术解决方案，并早已在生产过程中使用高质量的再生材料。在博世的所有产品中，使用再生钢的平均比例约56%、再生铝的比例为35%，与行业平均水平相当。再生塑料约占博世原材料采购的5%，博世计划未来几年大幅增加这一份额。

案例：消费后再生塑料制造电动工具手提箱项目

为了减少碳排放、提高能源效率，博世全球服务亚太区原材料技术中心、博世电动工具事业部联合塑料供应商共同启动了消费后再生塑料制造电动工具手提箱项目。消费后再生塑料（PCR）、聚丙烯（PP）产生的二氧化碳更低，可减少约40%碳排放。博世技术人员对塑料供应商进行了严格审核认证，确保废旧塑料来源可靠，并且能够实现可回收材料与新材料相同的结构特性。该联合团队开发了以80%的PCR和PP为树脂基体的配方参数，并创建了博世亚太区第一张PCR材料规范，以满足产品机械性能和注塑工艺的要求。

（二）废弃物管理

博世全球遵循“避免产生、再利用、再处置”的废物管理原则，确保符合当地废物运输和处置的法规要求。为了进一步减少废弃物填埋量以及提高回收利用率，博世从2019年开始实施了“零废弃物填埋”项目。截至2023年，博世中国的废弃物回收利用率达到了83%。中国工厂于2023年也对离心工艺进行了优化，例如喷油器壳体电化学处理过程中产生的废物量显著降低，与2022年相比减少了30%。

五、供应链数字化与创新技术应用

在工业生产领域，博世正加大力度提高工厂的能源和成本效益。数字化工业生产有助于气候行动，仅依靠互联能源管理这项技术，博世制造端的年度能源消耗量平均下降了5%。来自工业4.0产品组合的能源平台，已在博世全球80个客户项目和120个博世业务地投入使用。

世界经济论坛（World Economic Forum）公布的2022年新晋全球“灯塔工厂”名单中，博世长沙工厂凭借五大前瞻创新举措——AI节能、智能物流平台、重新定义行业标杆、智能维护管理和全可视化数字车间管理，成功入选。这是继博世无锡动力总成工厂以及博世苏州汽车电子工厂后，博世中国的第三个工厂获此殊荣。

六、供应链社会责任与员工福祉

（一）尊重人权

博世承担责任，密切关注整个价值链的尊重人权问题。由于保护环境气候与尊重人权、确保可持续的生活条件密不可分，博世将尊重人权理解为遵守尽职调查要求，符合社会环境标准，保护人类环境。作为一家在许多国家和地区拥有生产基地和供应关系的工业企业，博世以多种不同的方式影响着人类环境。博世通过在运营流程中实施有关人权的尽职调查要求，为改善全球人权状况作出贡献。与此同时，博世也在全球供应链中积极要求尊重人权，在出现问题时采取适当的补救行动。

（二）人力资源战略

博世始终相信人才是成就业务未来发展的重要因素。作为一家137

年的雇主，博世始终以员工为核心，人力资源战略关注六大核心——赋能组织转型、数字化转型、学习型组织、卓越运营、领导力和合作、成为人才最佳雇主。为了更好地服务中国市场和发展数字化新业务，博世持续吸引本土人才，以推动数字化技术创新和迭代升级，建立全面的流程和体系。2022 年，博世在中国招聘了约四千名人才，新增岗位中数字化人才占比约 50%，进一步增强了在软件、研发、制造等领域的数字化实力。

（三）履行社会责任

身处于变化和挑战的环境，博世在助力员工提升专业技能、打造学习型组织的同时，也注重通过提供全面薪酬和福利、健康福祉计划、灵活的办公政策等方式来帮助员工平衡生活和工作。作为全球家电行业领导者之一，博西家电中国成功荣膺多项可持续发展奖项，如福布斯“2023 中国年度最佳 ESG 实践雇主”，《第一财经》“2023 绿点中国 · 可持续实践案例”以及中国欧盟商会颁发的“企业社会责任十周年奖 · 碳中和卓越奖”。这些奖励见证了博世中国可持续发展的行动，重申了可持续发展贯穿整个价值链的决心，积极推动我国企业履行社会责任。

（四）多样性战略

博世重视每个人的独特性，并认为多样性对于集团业务的成功至关重要。无论性别、出身、年龄、个人背景或个人人生道路等因素的差异如何，公司中的每个人都应该感到受欢迎、被尊重和被赞赏。博世相信，拥有不同观点、教育和文化背景以及个人素质的团队通常会产生更好的结果，相互欣赏每个团队成员的独特之处有利于营造良好的工作氛围。因此集团坚定地将多元、平等、包容写入公司价值观，亦将其镌刻进博世的使命宣言“We are Bosch”，同时倡导“多样性是我们的优势”，将其纳入公司战略之一 。2023 年博世中国多元文化日提出“关注个体独特之处（Uniqueness），找到自己独特的优势”的倡议。

（五）健康与安全

博世确保生产过程不会对人类和环境产生危害，并通过创新的产品和服务为人类健康作出贡献。采取措施保护促进员工健康，及始终提供安全的工作环境是博世的首要任务。在这一原则指导下，2023 年博世中国每百万工时的可汇报事故为 0.29 起，较 2022 年下降了 36%。

七、合作伙伴关系与共同发展

博世始终与本土伙伴携手共进，推动汽车电动化智能化的绿色转型和互联工业等多领域的实践与突破。

（一）汽车电动化智能化的绿色转型

1. 苏州与无锡

2023 年 3 月，总投资额约 70 亿元人民币的博世新能源汽车核心部件及自动驾驶研发制造基地在苏州奠基。9 月，合资公司联合汽车电子实现了 800V 电桥的首次批产，实现本土制造能力的持续加强。在氢燃料电池技术领域，2023 年初，博世首条高产量膜电极生产线在无锡投产；3 月，博世与无锡签署战略合作协议，共同推动氢燃料电池关键部件本土化开发和商业化应用；博世和中邮物流协力打造的首批氢能源货车已在无锡开始示范运行，助力当地实现绿色零碳物流。

2. 重庆

2023年11月初，博世氢动力系统（重庆）有限公司新工厂投入使用，其配备了博世最大甲类燃料电池（总成）研发中心，以加速推动氢能技术的产业化。

图7　博世氢动力系统（重庆）有限公司

（二）互联工业领域

在互联工业领域，博世智能科技正通过空间数字化技术助力建筑、消防、电力及工业等不同行业的数字化转型和节能减排工作，其在上海市参与的首批智能建造项目也已正式开展。

（三）供应链减碳与协同发展

为减少供应商、物流以及产品使用阶段范围三的碳排放，博世制定了目标：无论公司的增长如何，到2030年减少整个价值链上下游15%的绝对碳排放（2018年为基准年）。

为达成这一目标，博世中国正推动关键供应商签署相应的碳减排协议，致力于与本土生态圈伙伴携手迈向碳中和。当前，业务合作伙伴的碳排放和气候活动，已成为与博世签订业务合同的重要标准。博世也向我国的供应商发布了可持续发展指南，从减碳意识培训、碳数据披露、碳目标设立、碳数据库建立、供应商碳意识成熟度评估和最佳亚太区供应商可持续发展评奖等六个维度，推动供应链碳中和具体行动。2023 年，博世邀请了全球范围内约 2200 家供应商，加入 CDP 碳信息披露项目以提供碳排放信息，其中包括约 20% 的中国供应商，约 400 多家。

除了持续增强自身以及上下游供应链韧性，博世也在通过和供应链伙伴之间的紧密合作，推动汽车供应链生态圈的协同发展。在首届中国国际供应链促进博览会展台上，博世携生态圈中的禾赛、黑芝麻智能、SUPPLYON 以及文远知行四家合作伙伴联合参展，以更全面展示在智慧出行、供应链等核心环节的解决方案。此外，凭借在全球布局的优势，博世可以支持业务伙伴把在中国市场率先投入应用的新能源、智能化技术输出到海外的用户。

八、总结与未来展望

博世致力于成为气候行动的先行者，并相信科技创新对驱动低碳发展起到关键支撑作用。在我国加速推动绿色发展、促进人与自然和谐共生的进程中，博世对电气化、智能化出行技术的自主创新研发以及对循环经济战略的重视，将助力本土生态伙伴积极拥抱碳中和。同时，博世也希望将自身在碳中和及全球项目实践中积累的知识和经验分享给其他企业，携手不同行业合作伙伴共建可持续发展未来。

企业简介

博世集团是世界领先的技术及服务供应商，于 1909 年首次进入中国市场，开设了第一家贸易办事处。1926 年，博世在上海创建了首家汽车售后服务车间。在过去的 113 年里，博世见证了我国社会日新月异的变化——尤其是改革开放以来经济的迅速崛起。博世集团秉承“根植本土、服务本土”的理念，深度融入了我国经济的发展，与我国市场共同成长。截至 2023 年 12 月 31 日，博世集团约有 42.8 万名员工。博世业务划分为 4 个领域，涵盖智能出行、工业技术、消费品以及能源与建筑技术。作为全球领先的物联网供应商，博世为智能家居、工业 4.0 和互联交通提供创新的解决方案，旨在打造可持续、安全和轻松的未来出行愿景。博世运用其在传感器技术、软件和服务领域的专知，以及自身的云平台，为客户提供整合式跨领域的互联解决方案。利用带有人工智能（AI）功能或在开发和生产过程中运用人工智能技术的产品和解决方案推进互联生活。通过产品和服务，博世为人们提供创新有益的解决方案，从而提高他们的生活质量。凭借其创新科技，博世在世界范围内践行“科技成就生活之美”的承诺。博世的研发网络拥有约 9 万名研发人员，其中有约 4.8 万名软件工程师，遍布全球 136 个国家和地区。

博世在中国生产、销售汽车零配件和售后市场产品、工业传动和控制技术、电动工具、安防和通讯系统、热力技术以及家用电器。

国家电网

国网绿链驱动
绿色可持续未来

国家电网有限公司积极落实构建现代化产业体系、建设新型能源体系、实现双碳战略目标、保障国家能源安全等重大战略部署，充分发挥自身在能源电力行业的战略影响力和生态主导力，持续开展绿色现代数智供应链创新实践，打造能源电力产业生态圈，推动产业链供应链绿色低碳高质量协同发展。

作为关系国家能源安全和国民经济命脉的特大型国有骨干企业，国家电网有限公司（以下简称“国家电网”）充分发挥自身在能源电力行业的战略影响力和生态主导力，通过建设国网绿链、引领供应链生态、领跑标准体系建设、供应链数智赋能、国网绿链品牌打造等一系列举措，推动产业链供应链绿色低碳高质量协同发展，连续 8 年获得国务院国资委央企采购管理对标评估能源行业第一，并成为首家入选工业和信息化部绿色供应链管理企业名单的中央企业集团。

一、建设国网绿链，与国同心共进

国家电网以“四个革命、一个合作”能源安全新战略为指引，落实碳达峰碳中和目标，树立“能源转型、绿色发展”理念，制订双碳行动方案，加快电网技术创新，推动能源电力从高碳向低碳、从以化石能源为主向以新能源为主转变，加快形成绿色生产和绿色消费方式，助力生态文明建设和可持续发展。

国家电网锚定世界一流目标，充分发挥作为产业链链长和供应链链主的战略响应力、生态主导力，创新打造绿色现代数智供应链体系（以下简称“国网绿链”），将新发展理念、国家战略部署、行业发展导向融入超大规模的采购交易活动中，运用超大规模的市场驱动力，带动产业链供应链上下游企业协同开展固链补链强链延链，推进供应链数智化、绿色化升级，提升产业基础高级化、产业链现代化水平，培育壮大新型电力系统产业链供应链生态圈，为制造强国、质量强国等社会主义现代化强国建设提供发展动力和平台，为推动构建以国内大循环为主体、国内国际双循环相互促进的新发展格局提供强引擎和新动能。

国网绿链建设目标：到 2025 年，基本建成具有市场竞争力、行业引领力、达到国际领先水平的供应链领军企业，形成整合力强、协同性高、辐射面广的能源电力行业级供应链平台，建成自主可控、安全高效的供应链管理体系。到 2030 年，建成全球影响力大、资源整合能力强的国际化供应链企业，建成与世界一流企业相适应的供应链管理体系，供应链管理水平跻身世界前列。

国网绿链建设路径：以标准为基础点、平台为着力点、采购为切入点、整合为突破点，聚焦提升供应链的发展支撑力、行业带动力、风险防控力、价值创造力和效率、效益、效能（“四力三效”），将绿色低碳、数智新技术与供应链深度融合，形成“标准引领、需求驱动、数智运营、平台服务”的供应链绿色数智发展新业态，提升技术创新、链式协同、数智制造、绿色低碳、全寿命周期管理水平，充分发挥央企“科技创新、产业控制、安全支撑”三个作用。

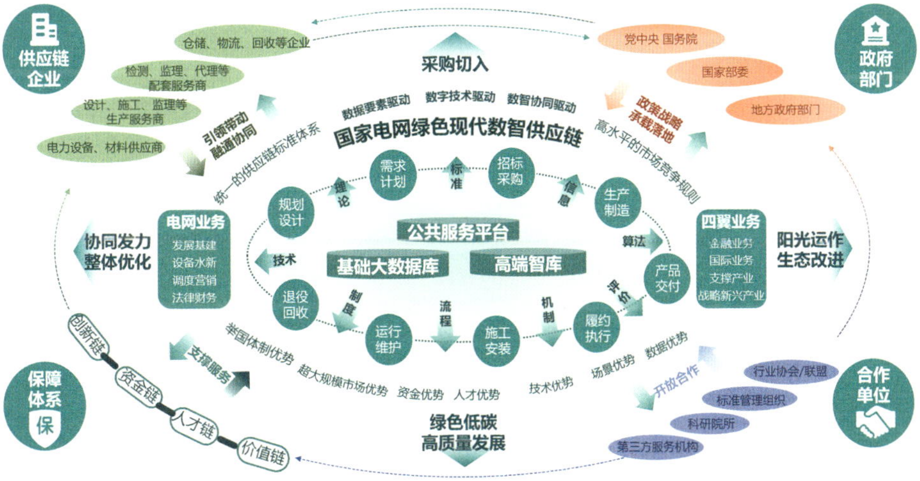

图 1　国网绿链建设思路

国网绿链建设任务：建设任务明确了供应链链主生态引领、规范透明化阳光采购、全寿命周期好中选优、建现代物流增效保供、绿色低碳可持续发展、创新固链保安全稳定、数智化运营塑链赋能、全面强基创国际领先八大行动，全面构建绿色现代数智供应链。

二、链主生态引领，带动全链条绿色发展

以国家电网现有标准体系为基础，围绕“绿色、数智、行业”发展方向，建立供应链统一标准体系。以国家电网级数字化基础设施为依托，打造行业级供应链公共服务平台；基于数据中台贯通汇聚供应链全过程、设备全寿命周期数据资产，构建供应链基础大数据库；升级迭代数据分析手段，系统性构建高端智库；推动国家电网各专业、供应链上中下游及相关利益方专业化整合协作，服务国家电网和供应链上下游企业高质量发展。

（一）以需求为牵引，培育全链条新动能

国家电网运营着世界上输电能力最强、新能源并网规模最大的电网，连接着能源电力产业链供应链的各个环节和参与主体。国家电网处在能源体系的枢纽平台和资源配置地位，拥有丰富的应用场景，是电工装备的最大需求方，发挥着能源汇集传输和转换利用的桥梁作用，具有很强的生态引导力。国网绿链提出了“需求牵引、应用驱动”的行业级供应链发展方法论，将新发展理念、国家战略部署、行业发展导向融入超大规模的采购交易中，带动产业链供应链上下游企业绿色化、数字化、智能化升级。

从供应链源端和后端的角度出发，国家电网在供应链源端整合供应链需求计划、采购计划、生产计划、供应计划、到货计划、抽检计划等数据；在后端，整合采购实施计划、生产制造计划、运输配送计划、施工运维

计划、融资计划等跨专业计划数据。通过对源端采购需求计划和后端跨专业计划的闭环管控，推动综合计划、项目建设计划、运行检修计划、预算资金计划等信息贯通，实现供需智能匹配、计划动态调整、物资及时供应、融资精准管控。以供应链需求为统领，国家电网通过推进供应链计划与跨专业计划信息的贯通，实现供应链需求计划一体化协同。

针对链上各企业间上中下游供需关系及生产服务配套关系，国家电网依托超大规模电网安全稳定建设及运营实践，建立各类产品关键技术、关键组部件、关键原材料以及重要生产工装、设计软件、施工装备、试验设备间供需关系，有效找准关键卡点、堵点、断点，梳理出亟待创新突破的技术、产品、工艺和装备领域，整合跨工程、跨企业、跨行业采购需求，形成规模化市场效应。同时，以市场需求引导创新资源有效配置，“以用促研”吸引“专精特新”企业加大科技创新投入，以应用需求引领“产学研用”开展链式联合创新，促进创新链产业链供应链融合，提升产业链安全性、稳定性。

（二）以大规模市场，做优全链条新生态

“十四五”以来，国家电网每年固定资产投资超过 5000 亿元，年带动产业链供应链投资超过 1 万亿元，平台交易额突破 1.2 万亿元。2023 年，国家电网招标采购中标的合作供应商中，中小微企业中标家数占比达 88%、中标额占比达 65%，民营企业中标家数占比达 82%、中标额占比达 59%，形成服务政府机构、行业协会、链上企业等各类主体，培育壮大新型电力系统产业链供应链的生态圈。

国家电网与政府机构、链上企业、合作单位、支撑单位积极互动，与国内国际技术领先企业、科研机构等组织开展供应链共性技术和关键核心技术创新，与中国电力企业联合会、中国能源研究会、中国电

器工业协会等行业协会与组织，共同推动各层级标准体系建立，与清华大学、浙江大学、华北电力大学等高校，开展碳排放核算、评价指标体系等研究。

国家电网依托自身电子商务平台、电工装备智慧物联平台、电力物流服务平台等支持链上企业实现绿色转型。国网上海电力协同英大碳资产公司完成首个链上企业供应链绿色评价，发布国内首个电工装备供应商绿色评价团体标准，并依托工业互联网二级节点和区块链技术，应用碳采集装置开展产品碳足迹跟踪。国网山东烟台供电公司协同英大碳资产公司，通过国网英大碳管家综合服务平台，率先完成国网山东电力首个供应链企业碳账户开通，供应链企业通过开立碳账户、评估碳能力，了解自身排放水平、测算账户碳积分、选择合适的绿色服务，通过节能、降碳等表现获取碳积分、进行碳交易，并获得专属绿色金融产品。

（三）以采购为导向，厚植全链条新底色

国家电网以采购规则为抓手，用市场化手段激发链上企业经营活力、发展动力，协同各方开展固链补链强链延链，推动能源电力的技术进步、迭代更新，加大绿色低碳技术、产品、服务供给。国家电网推进全流程电子化招投标和远程异地评标，试点建设“零碳”仓库和检储配基地，推进绿色物流建设，以采购为切入点，全面推进供应链各环节绿色低碳场景建设，系统推动全链条降碳、减污、扩绿、增长。

国家电网实施绿色采购，以采购为切入点，推动绿色环保理念融入上下游企业，发展供应链绿色低碳技术，坚持绿色制造、绿色设计、绿色施工，深化绿色物流服务，推行简约绿色包装，强化绿色仓储建设，推进再生资源高值化循环利用和绿色回收处置，推动供应链全过程、全环节绿色低碳可持续发展，推进供应链绿色发展升级。为降低物流成本，

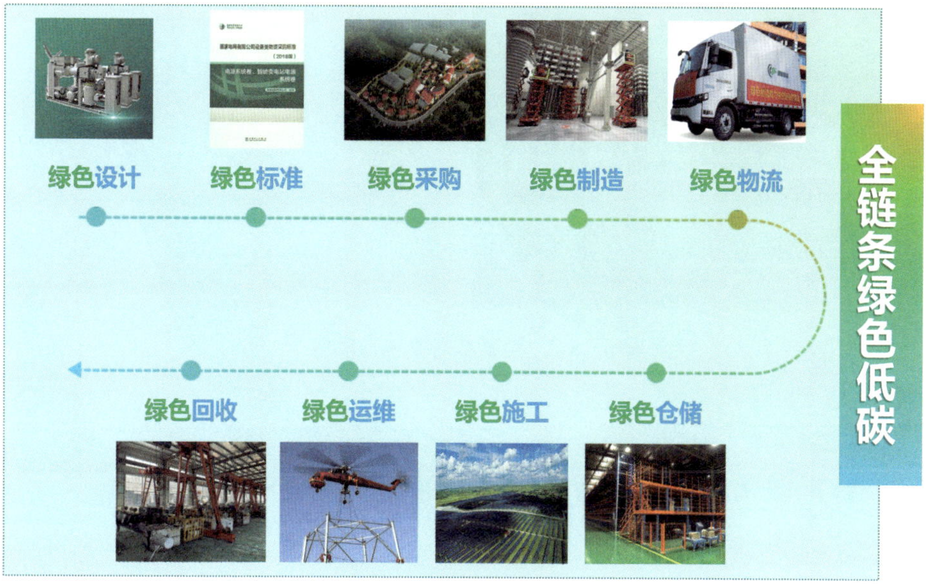

图 2 国家电网全链条绿色低碳

国家电网应用绿色运输工具，采用新能源货车开展距离近、体积小、频率高的电力物资末端主动配送，应用无人机开展输电线路施工、检修和应急需求配送。国家电网自主研发的可码垛折叠仓储笼、可循环共享线缆盘、可感知计量托盘等一系列绿色周转器具实现仓库空间利用率提升75%，容器回收物流成本降低67%。国家电网发布《电力物资零碳仓库设计与评价》等相关标准，以省级公司电力物资仓库规划为基础，应用绿色建筑技术、新型低碳零碳设备、综合能源补偿、智慧低碳运营等，构建具备推广应用价值的零碳电力物资仓库。国网冀北电力打造全国首家电力物资零碳仓库，充分利用仓库建筑本体节能措施和可再生能源资源，搭建能碳双控平台，实时监测和集中调控仓库能耗，实现100%新能源替代和零碳排放，截至2023年底累计碳减排1372吨，建设成果亮相首届上海国际碳中和博览会。

图 3　国家电网零碳仓库

三、标准转化升级，推动节约集约绿色发展

国家电网贯彻落实国家标准化发展纲要，发挥公司产业主导优势，利用公司丰富的业务及应用场景形成的标准建设成果，系统性规划贯穿全链业务环节、产品服务的统一标准体系架构。优化标准制定流程，健全标准检验评价、迭代改进机制，形成闭环管理、循环提升的供应链标准体系。规划建设涵盖管理制度体系、技术标准体系及管理指标对标体系的绿色现代数智供应链标准体系，规范公司供应链专业领域各项业务，提升供应链整体质效，促进供应链可持续发展。

（一）建企业标准，助绿色转型

国家电网按照国际、国家、行业、团体、企业五个层级，围绕“绿色”“数智”“供应链”三个方向，贯穿规划设计、需求计划、招标采购、生产制造、产品交付、履约执行、施工安装、运行维护、退役回收九大环节，规划构建了涵盖 13 个分支的供应链标准体系，包含 1486 项标准，截至 2023 年底，已发布标准 975 项，报批 163 项，立项批复 272 项，正在研究立项 76 项。通过加快一流企业标准向行业标准、国家标准、国际标准转化，以需求侧标准引领设备更新换旧、淘汰落后产能，推动供给侧产业结构优化升级和绿色转型。

围绕电力装备和生产制造商两个维度，国家电网推动构建行业统一的电网设备质量标准和数据标准，出台变电器等物资品类“供应商质量监督管理评价”企业标准。协同质量监管机构、检测机构和链上企业，推进《绿色智能制造通用规范》等团体标准制定和发布，完善电工装备行业绿色智能制造标准体系和评价体系。

为深化绿色低碳标准建设，国家电网发布碳排放核算企业标准，以典型电网物资及链上企业碳排放核算模型为基础，通过确定准确的碳排放因素，有效开展评估和管理供应商的碳排放水平，促进绿色低碳产品的采购，推动电力行业向可持续发展转型。同时，该系列标准还能促使供应商优化碳排放管理，提高碳减排效益，共同推动绿色经济的发展。

（二）建采购标准，助节约集约

国家电网构建起公司统一的物料主数据管理体系，充分运用现行技术标准和公司系统标准化建设成果，形成涵盖集中采购范围内所有电网设备材料的采购标准，实现国家电网系统物料主数据、物资采购标准、管理规范及操作程序的统一。采购标准的建立有效推进行业度量衡统一建设，提升设备通用互换水平，打破区域壁垒和技术壁垒，整合跨工程、跨单位、跨行业采购需求，形成集中采购规模优势，减少链上企业工装模具、库存及备品备件数量，提升标准化、规模化、智能化生产流通水平。

以实际需求为导向，国家电网统一物资分类，形成了 48 个大类、328 个中类、5346 个小类，共 18 万条物料主数据，其中电网标准物料从 7 万条精简至 4 千条。统一采购标准，形成了涵盖全部电压等级、品类最齐全的电网设备采购标准体系，为保证采购标准的有效执行，国家电网实施采购技术规范书结构化部署，对每一项参数的使用对象、答案类型、允许范围、参数选项等，都在系统字段中进行了固化设置，项目需求单位根据需要，直接选用采购标准目录中的物资申报采购计划，填写工程概况表和技术差异表等内容。同时，国家电网统一了采购规则，形成了覆盖全网招投标活动的采购策略。

国家电网将绿色低碳理念融入物料选型，从资源节约、能源降耗、低碳循环、环境保护、健康安全等方面，明确梳理物料的绿色低碳属性，建立物料绿色属性概念，从采购源头鼓励引导企业绿色发展，实现资源的节约集约利用。

（三）建双碳标准，助减排降碳

国家电网构建了包含碳排放核算 115 项、绿色低碳评价 4 项、绿色低碳管理 14 项的电工装备绿色供应链标准体系，在全国环境管理标准化技术委员会（TC207）成立了绿色低碳电工装备标准工作组，体系化推进国家标准研制。

国家电网构建了碳排放核算模型库、碳排放因子库、绿色低碳评价要素库，试点实施电工装备企业 ESG 信息披露报告、碳核查报告，推动构建国际互认的行业级电工装备绿色低碳认证体系，推动产业链供应链由“能耗双控”逐步转向“碳排双控”。

碳排放核算模型库，按照先低碳后绿色、先核算后评价的思路，围绕典型电网物资、电工装备企业两个维度，研究制定碳排放核算、低碳评价、绿色评价模型，推动打造绿色低碳模型库。碳排放因子库，根据产品、链上企业碳排放核算需求，汇聚并兼容公开的排放因子数据集与数据库。绿色低碳评价要素库，从资源、环境等属性出发，制定标准化、可量化、可评估的评价要素体系，实现绿色低碳评价从要素到标签、从标签到量化的评价管理。

国家电网首创赋予全球唯一标识的工业互联网碳排放采集计量装置，装置由传感器感知、碳排模型计算和数据传输等主要模块构成，具备感知活动能耗、计量工序排放、共享实时数据的功能，能提升排放数据监测、采集、存储、核算、校验的可靠性与即时性，对推动链上企业对标国际国内先进水平、查找生产和流通中的薄弱环节，支持链上企业开展工艺流程改造、强化节能降碳管理、挖掘节能降碳潜力具有重要价值。

四、数智赋能赋效，促进高水平协同绿色发展

国家电网响应“网络强国、数字中国”战略，链接内外部链上企业，强化数据共享，挖掘数据价值，助力绿色运营，利用供应链数智赋能积极探索和发挥链主的引领力、带动力，打通供应链上下游业务，实现跨专业、跨企业、跨行业数据互联互通，进一步提升链上企业的高水平协同绿色发展。

（一）“一码双流”[1]，促数字化协同

国家电网建立链上企业数智化能力水平、平台接入应用等评价机制，深入推动供应链数字化创新，引入实物身份证（电网资产统一身份编码，以下简称“实物 ID”），应用二维码、射频识别等技术，开展实物 ID 业务设计及系统建设，打造统一数据模型及结构化标准。以实物 ID 为纽带，打通供应链上下游所有业务系统，贯通全寿命周期数据，实现数据整合和共享，形成绿色数据底座，为资源合理分配奠定基础。

[1] 一码双流：实物 ID 码，业务流、实物流。

国家电网收集能源电力全产业链上企业碳核算、碳足迹跟踪信息，构建数字化、智能化、绿色化的国网绿链体系。通过深化企业级工单中心在绿色数智供应链中的应用，将关键业务环节全面标准化、结构化，并与实物 ID 强关联，通过业务工单承载“实物流、业务流”双流贯通，推动绿色数智供应链从电网规划设计到退役回收九大业务环节关键流程的线上化、标准化，节约人工管理成本和提高运营效率。截至 2023 年底，已完成覆盖供应链关键环节的 182 张行业级业务标准表建设，实现工商、征信、气象、原材料价格、宏观经济、交通运输等 25 类 11 亿条外部数据汇聚。

（二）“一平台两库”，促网络化协同

国家电网建设供应链公共服务云平台、基础大数据库和高端智库（以下简称“一平台两库”），围绕供应链商流、物流、资金流、碳流、信息流，创新业务模式、运营模式、商业模式，通过推行“云采购、云签约、云检验、云物流、云结算”新业态，减少纸张印刷和商务差旅，实现碳减排量达 20 余万吨 / 年，节约供应商差旅等经营成本约 40 亿元 / 年。

国家电网基于“一平台两库”，依托数据中台、能源大数据中心，围绕“绿色、数字、智能”现代化发展方向，利用区块链技术提供去中心化数据共享服务，支撑能源电力产业链供应链的绿色发展、科技创新、协同合作、资源共享，重塑产业生态价值，推动能源电力产业链供应链贯通融合。同时，国家电网依托人工智能模型样本，研发应用供应链人工智能技术和成果，支持各种主体数据模型的独立开发、集中高效部署和共享应用，形成“应用商店”的超市化便选产品使用方式，用数据赋能价值创造，发挥行业级的数据服务能力，推动能源电力领域技术创新、装备升级、节能减排和环保循环。

（三）“互联网 + 资源回收”，促循环化协同

为推进“无废企业”建设，建立公开透明、公平公正、规范有序的报废物资处置回收体系，国家电网打造了全网统一的国网绿链再生资源交易专区，统一全网市场交易、统一回收商管理、统一处置流程、统一竞价方式，功能覆盖竞价计划、回收商注册、资质管理、竞价管理、违约管理等处置全过程，实现报废物资“一体化”线上交易。国家电网充分发挥电网“桥梁”和“纽带”作用，驱动上下游产业链供应链转型升级和绿色低碳发展，助力建设节约型社会和实现碳达峰碳中和目标。公司废旧物资集中统一管控、线上公开竞价，近三年年均处置额 65 亿，平台注册回收商 2183 家。国家电网在 8 个省份建成 13 个绿色拆解分拣中心，将废旧回收企业、原材料厂商引入再生资源循环利用体系。在固体废物方面，国家电网以原材料处置方式带动链上企业“变废为宝”，如拆解出的铝经铝厂熔炼生成铝棒并用于生产电力导线进行循环再利用；废旧变压器拆出的硅钢片作为下游产业链小型电子设备的原材料，钢芯铝绞线拆出的高锰高碳覆锌钢丝，成为下游堤坝、牧场围网等产业链原

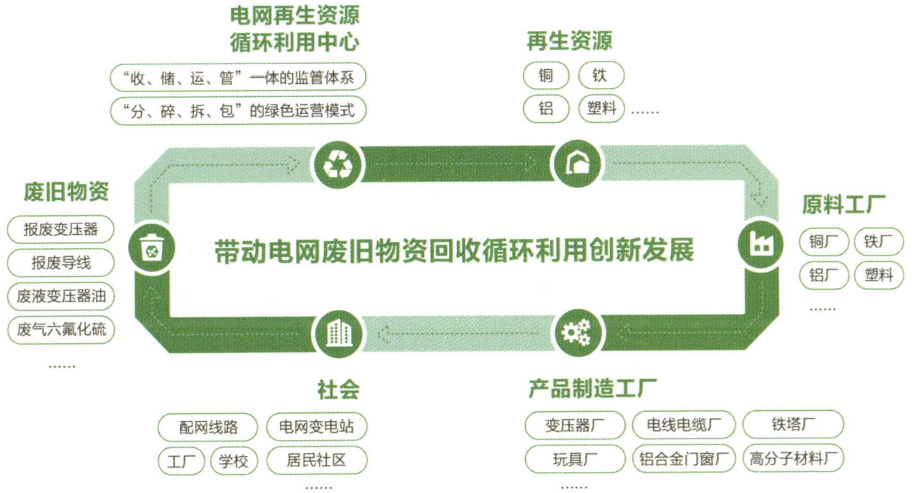

图 4　国家电网废旧物资循环利用体系

料；对于低值电力废弃物，实施粉碎后循环使用，如废旧瓷绝缘子及水泥杆等，经打碎碾磨为粉末后，重新用于陶瓷制作、路基垫层或建筑行业；废旧变压器油等液体废物采取集约化回收模式，交由有资质的专业环保企业开展绿色回收、环保提炼和无害化处置。

（四）数智新技术，促智能化协同

国家电网深化大数据、云计算、区块链、5G、人工智能、电力北斗、数字孪生等新技术应用，推动智能制造工装和智能网联装备研发应用，促进工业设备上云用云，跨专业、跨企业、跨平台线上交互协作，提升供给与需求匹配精准度，提高要素流动与配置效率，增强供应链提质增效能力，以新型工业化塑造新优势。

国家电网加大人工智能等新技术与供应链业务的深度融合，将常规性、重复性的工作实现人工智能替代，打造国网绿链全流程智能机器人，推进 6 个系列 143 款供应链全流程智能机器人研发应用，全流程覆盖招标采购、合同签约、质量检测等业务，实现供应链全过程、自动化、智能化处理，助力企业形成自主创新的意识和能力，进一步提升链上企业的创新力和核心技术水平。

国家电网统一人工智能平台和算力资源，打造国网绿链 GPT，具备智能客服、监造报告、采购文件智能编制、智能评审，供应链智能运营分析等数智化能力。通过 AI 自主学习，逐步向辅助管理层科学决策、赋能基层提质增效、发挥海量知识价值三个维度迭代升级，形成快速检索问答能力、智能决策分析能力、文本智能生成及识别三大能力，高效赋能国网绿链建设，推动国网绿链 GPT 向行业级高端智库深层次发展应用。

五、采购驱动落地，引导安全可持续绿色发展

国家电网发挥企业大规模采购优势，在公平公正的基本原则上，将国家政策导向和公司战略融入招标采购中，提出绿色采购、创新采购、质优采购和阳光采购，用市场化手段激励企业自发加大绿色、数智升级，打造高效、柔性、可控的行业级数智化供应链，在能源转型的大国竞争中占据领先地位。

（一）绿色采购，保全绿深绿

国家电网发布《绿色采购指南》，该指南为首个央企集团绿色采购指南。国家电网在采购中践行绿色低碳循环发展理念，建立绿色低碳采购目录，建立物料绿色属性标识，完善招投标绿色条款，在招标采购文件中增加绿色管理、绿色能耗、绿色材料、绿色工艺、绿色认证、绿电证书等评审要素，将环保失信行为、政府绿色制造认证、清洁生产、企

图 5　江苏无锡 110 千伏“零碳”清舒变电站

业碳核查、产品碳足迹以及质量、环境、能源、健康安全等体系认证要素，逐步研究纳入招投标环节，优选绿色制造、绿色服务企业，增加评审供应商绿色体系，逐步加大绿色低碳导向力度，引领供应商加快绿色低碳转型。国家电网优先采购高效节能变压器（已累计采购高效节能变压器 38 万余台）等节能环保低碳的设备材料，加快绿色低碳产品替代。以国网冀北电力为例，2023 年与 2022 年相比，10 千伏配网类设备供应商开展绿色制造体系建设的由 8.2% 提升至 42.3%，获得能源体系认证的由 5.4% 提升至 10.1%，开展产品碳足迹核查的由 1.8% 提升至 19%，开展企业碳排放核查的由 6.8% 提升至 17.2%。

（二）创新采购，保安全可靠

国家电网强化行业协同，围绕绿源、智网、降荷、新储等新型电力装备，用好国有企业首台套、首批次、首版次产品采购政策，优先选用具备自主知识产权和核心技术的关键组部件产品；制定新型电力系统创新贡献度评价体系，实施创新型产品推广应用采购策略，以采购逐级打

图 6　研发 TBM 隧道掘进机等重大装备

通应用、制造、设计、工装等产业链供应链全链条。在电子商务平台上，国家电网打造创新产品交易专区，支持开展原创技术攻关；开展极端情况下断供风险防范研究，助推在制造装备、基础材料、关键组部件等方面加快形成兜底保障能力。

（三）质优采购，保质量水平

国家电网构建电网设备全寿命周期质量问题及控制等全量信息数据库，动态评估供应商生产制造质量保证能力，定期反馈促进提升，服务供应商高质量发展。建立统一的供应商注册信息、资质能力现场核实、专业部门绩效评价和供应商不良行为处理管理体系，建设数智化电工电气设备质量检测管控平台，严把供应商入口关和设备入网关。突出“质量第一、价格合理、绿色低碳、诚信共赢”的采购理念，采购设备“好中选优”，促进市场供给质量可靠、性能优越的绿色产品。国家电网深化设备全寿命周期质量管理，召开供应商高质量发展大会和重大质量问题约谈会，引导链上企业优化生产资源配置，指导供应商共同分析设备全寿命周期各环节质量问题，制定整改措施，促进电工装备高质量发展，服务新型电力系统建设。

（四）阳光采购，保健康活力

国家电网打造阳光采购平台和数智化评标基地，公司所有采购活动在一级部署的电子商务平台上实施，实现采购流程统一、操作公开、过程受控、全程在案、永久追溯，公司“集中采购率、公开采购率、上网采购率、电子招标率”全部保持100%。国家电网实施32项采购管理举措，保证市场主体公平参与竞争。将常规性、重复性的工作实现人工智能替代，在招标采购、合同签约、质量检测等六大业务中，分别规划专业系列机器人，供应链全链条合规监督由“人防”向“智防”“技防”转变，由事后被动处理向事前主动感知转变，由单环节防范向全链条上下游互相制约转变。通过一系列标准化、数字化、智能化手段，国家电网打破区域壁垒、技术壁垒和地方保护与市场分割，维护优胜劣汰的市场运行秩序，营造公开透明、阳光竞争、互信共赢、绿色友好的营商环境。

六、国网绿链品牌，持续创造价值

国家电网构建国网绿链品牌体系，制定了《国网绿链品牌标识推广应用手册》，进一步加强品牌标识应用规范管理，打造统一的“国网绿链”品牌，获国务院国资委 2023 年中央企业品牌引领行动首批优秀成果产品品牌。国网绿链成果得到了国务院国资委、发改委、商务部、工信部等八个部委以及中电联、中物联、中招协等行业协会的充分肯定，被众多中央媒体重点报道宣传，在首届中国国际供应链促进博览会上受到广泛关注和高度评价。2023 年，公司与国家部委、行业协会、中央企业、高校等调研交流共 23 批 1400 人次，受邀参加各类重要论坛和会议活动 7 次，国网绿链品牌影响力持续提升。

国网绿链形成丰富的专利、专著、标准、论文等成果，并荣获众多重要奖项荣誉，得到了内外部的高度评价和充分认可。公司荣获商务部等 8 家单位首批全国供应链创新应用示范企业，成为央企集团首家入选的工信部绿色供应链管理企业，连续 8 年获国务院国资委中央企业采购管理对标评估能源电力组第一名；国网绿链平台获全国公共采购年度十佳采购平台，并入选世界互联网大会领先科技成果案例；国网绿链解决方案位居工信部第四届中国工业互联网大赛产业链供应链协同奖项第一名、制造业质量管理数字化解决方案十大优秀案例之首；国网绿链创新成果获得中电联电力创新大奖、中物联科技进步奖一等奖、中电设协全国电力行业设备管理创新成果一等奖。

七、展望未来发展，迈向世界一流

在迈向双碳发展目标的时代背景下，中国对加快发展数字经济、绿色转型，促进产业链供应链高质量发展有了更加明确的要求，促进绿色数智化供应链建设协同发展是引领中国现代化经济体系的重要举措。

国家电网紧紧围绕党中央、国务院重大决策部署，持续推动供应链创新发展，构建国际领先、国网特色的绿色现代数智供应链体系，将绿色低碳、数智新技术与供应链深度融合，形成“标准引领、需求驱动、数智运营、平台服务”的供应链绿色数智发展新业态。

未来，国家电网继续坚定不移走中国式现代化电力发展之路，为提高国家能源安全和保障能力，为全面建设社会主义现代化国家、全面推进中华民族伟大复兴作出更大贡献！

企业简介

国家电网有限公司成立于 2002 年 12 月 29 日，是根据《公司法》设立的中央直接管理的国有独资公司，注册资本 8295 亿元，以投资建设运营电网为核心业务，是关系国家能源安全和国民经济命脉的特大型国有重点骨干企业。

国家电网经营区域覆盖我国 26 个省（自治区、直辖市），供电范围占国土面积的 88%，供电人口超过 11 亿。国家电网位列 2023 年《财富》世界 500 强第 3 位，连续 19 年获国务院国资委业绩考核 A 级，连续 11 年获标准普尔、穆迪、惠誉三大国际评级机构国家主权级信用评级（标普 A+、穆迪 A1、惠誉 A+），连续 8 年获中国 500 最具价值品牌第一名，连续 6 年位居全球公用事业品牌 50 强榜首。

作为全球最大的公用事业企业和具有行业引领力、国际影响力的创新型企业，国家电网建设运营着世界上输电能力最强、新能源并网规模最大的电网，连接能源电力产业链供应链上下游企业和用户，拥有丰富全面的行业应用场景和全寿命周期数据，处于产业链供应链核心企业地位。国家电网绿色现代数智供应链体系，将更好支撑公司双碳目标实现和新型电力系统构建，助力加快形成供应链新质生产力，确保产业链供应链的安全稳定。

欧莱雅

创新驱动发展
建立可持续绿色供应链

在建立可持续绿色供应链的过程中，欧莱雅以创新推动行业发展进步为己任，以“企业向善”和履行企业社会责任为导向，在节能减排和低碳环保的道路上做出了积极有益的探索和实践。为促进行业可持续发展，欧莱雅在供应链管理的各项环节中，与供应商双向赋能、一举多赢，在提升供应链、产业链协同效率，实现韧性供给、降低能耗，助推绿色转型、促成价值共创方面，取得了令业界瞩目的成绩。

创新是欧莱雅运营的核心，可持续发展是欧莱雅供应链的六大趋势之一。如何在追求经济效益的同时，积极履行社会责任、保护人类共有的地球家园，是欧莱雅关注的重要课题。在 2013 年“美丽，与众共享”可持续发展承诺基础上，2023 年，欧莱雅北亚区总部在首届上海国际碳中和技术、产品与成果博览会上，联合 10 家战略供应商共同发布“低碳不低调”减碳宣言，致力于打造绿色供应链，推进全价值链碳减排。2024 年 4 月 26 日，欧莱雅苏州智能运营中心正式投入运营，该运营中心将全面采用 100% 可再生能源，致力于实现欧莱雅的可持续供应链目标。同时，该中心也将积极响应并支持我国双碳目标，为推动绿色发展和构建低碳社会贡献力量。

一、欧莱雅碳中和目标及战略

欧莱雅在为所有人带来美的同时，始终将可持续发展放在战略核心地位。早在 2013 年，欧莱雅就宣布“美丽，与众共享”可持续发展承诺，它聚焦贯穿欧莱雅整个价值链的研发、生产、消费、企业发展四大领域。通过制定一系列量化指标，欧莱雅承诺至 2020 年，100% 产品都将有益于环境和社会。

2020 年，在 2013 年承诺的基础上，欧莱雅启动了全新的可持续项目“欧莱雅，为明天”（L’Oréal for the Future）2030 可持续发展项目。项目不仅聚焦于欧莱雅业务运营的直接影响，更关注作为生态圈一分子的间接长远影响以及赋能作用，加快业务模式转型，打造尊重地球界限且更具可持续性和包容性的发展模式。

“欧莱雅，为明天”设立了两大战略：第一是推动欧莱雅业务模式转型，尊重地球的极限；第二是为应对全球挑战作出贡献。该战略基于三大支柱：第一，自我转型以尊重地球界限；第二，赋能业务生态系统，帮助其他企业完成转型，打造更可持续的世界；第三，为应对全球挑战作出贡献，为社会和环境的迫切需求提供支持。欧莱雅以科学为基础，在“气候变化、水、生物多样性、资源及社会承诺”四大领域，制定了26个目标，它们包括：

◇ 到2025年，欧莱雅所有运营设施将提升能效，100%使用可再生能源，进而实现碳中和；

◇ 到2030年，将通过创新手段，让消费者在使用欧莱雅产品过程中产生的温室气体（每单位成品计算）与2016年相比减少25%；

◇ 到2030年，将让与运输产品有关的温室气体排放量（每单位成品计算）与2016年相比减少50%；

◇ 到2030年，100%的工业用水将实现循环再利用；

◇ 到2030年，配方中95%的原料成分将以可再生的生物为基础，或来源于丰富的矿物，或来自于循环过程；

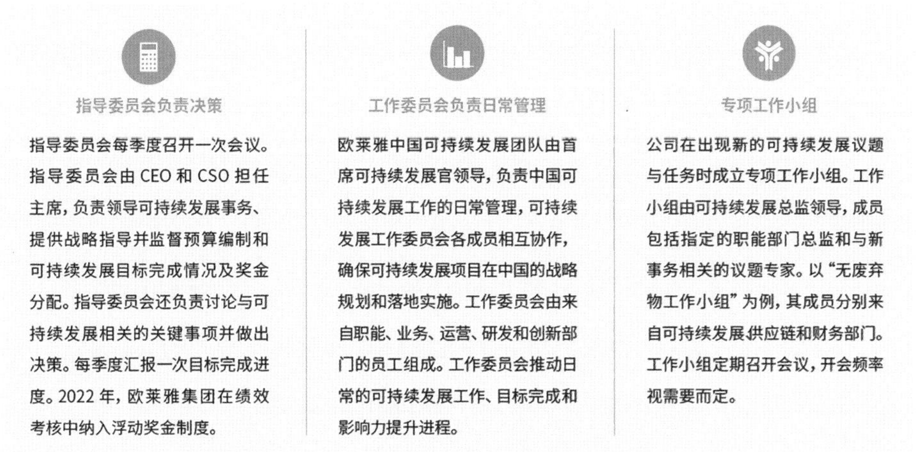

图1　欧莱雅中国可持续发展事务管理体系

◇ 到 2030 年，产品包装中所用的 100% 塑料是源自回收或源自生物基材料（将在 2025 年达到 50%）。

作为美妆行业的领跑者，欧莱雅回馈社会，履行责任。欧莱雅承诺投入 1 亿欧元进行影响力投资（支持循环经济新项目和支持恢复自然生态），并向慈善基金会捐赠 5000 万欧元，帮助弱势女性群体。

此外，欧莱雅中国建立起“由上至下”的可持续发展事务管理体系，确保各项措施得以有效落实。管理体系分为决策、日常管理和工作落实三个层级。

二、欧莱雅供应链碳中和实践

（一）清洁能源和可再生能源使用

案例一：宜昌天美工厂零碳排放和水循环项目

宜昌天美工厂作为欧莱雅北亚地区最大的彩妆工厂，也是欧莱雅北亚地区第一家实现采用 100% 可再生能源运营的工厂。宜昌天美工厂通过一系列措施全面践行可持续生产，包括使用高效 LED 照明及自动控制，风机水泵变频改造、蒸汽冷凝水及锅炉余热回收、太阳能工业热水系统、中水回用等项目，达到水及热能高效应用、碳排放控制及生产废料回收再利用。

2015 年 7 月，欧莱雅与湖北省宜昌市政府共同启动宜昌天美工厂零碳排放项目，致力于水电等清洁能源和可再生能源的全面利用，通过新建与水电站直连的输电电缆和专供水电的变电站，使工厂所需电力 100% 来源于水电。同时，宜昌天美工厂用电锅炉替代生产所需的天然气锅炉，并完成食堂炊具的电气化，最终实现用水电取代所有化石能源。从 2005 年到 2014 年，宜昌天美工厂的二氧化碳排放量减少了 38%，进而于2015年9月实现零碳排放目标。目前，天美工厂所需能源已100%来源于三峡水电，二氧化碳排放因子已从2013年初的766千克/兆瓦时减少到零。

图2 欧莱雅宜昌天美工厂

宜昌天美工厂水循环项目，不仅让快消企业的节能减排从源头做起，深入到上游工厂，其高度可复制性，是节能减耗以及资源循环利用的行业典范，也勾勒出企业履行可持续发展承诺的行动路线图。

宜昌天美工厂通过两个阶段实现水循环。第一阶段，工厂以节能降耗为目标，通过技术手段从源头减少水耗，所有废水都需经过工厂的现代化污水处理站处理后再排出。2019年，工厂跨入第二阶段，引进回用水技术，在厂区建设了一套“膜生物反应器+反渗透膜+纳滤膜”设备，通过对污水的再次处理和过滤，使回用水水质达到国家生活饮用水标准和欧莱雅回用水标准。

2022 年，欧莱雅宜昌工厂正式试运营水循环项目，成为欧莱雅亚太地区首个水循环工厂。在“水循环工厂”中，自来水只作为产品原料和员工卫生用水使用，除此之外的所有用水都来自于回用水。这意味着用于工业过程的水——如储罐清洗——80% 被净化并重新用于除原料生产外的所有工业步骤。实现水循环后，宜昌天美工厂每年将减少约 1.6 万吨的自来水消耗，相当于 93 个家庭一年的用水量；2021 年单支产品自来水消耗相比 2005 年节约 1.1 升，相当于两瓶 550 毫升矿泉水。

案例二：苏州尚美工厂成为江苏省首个建成且在当时规模最大的并网型太阳能发电系统，十万级洁净车间已达国际标准

苏州尚美工厂通过使用太阳能、风能和生物质能（利用餐厨与园林垃圾为原料制备生物质气体）为厂区供电供热，通过厂内“多能互补”，在 2019 年实现工厂碳中和。早在 2014 年 4 月，苏州尚美工厂建设完成装机容量为 1.5MW 的太阳能发电系统，成为江苏省首个建成且当时规模最大的并网型太阳能发电系统。同年 8 月，苏州尚美工厂开始利用风能

图 3　欧莱雅苏州尚美工厂

电力。2019 年 4 月，工厂启动建设分布式热电联供系统，以生物质气体为原料制备绿色蒸汽及生物电。至此，苏州尚美工厂在与 2005 年相比产量扩大 3.5 倍的基础上，从 2005 年到 2019 年 5 月，二氧化碳排放量减少了 100%。

2022 年 10 月，欧莱雅苏州尚美工厂洁净车间启用活动举办，标志着远超美妆行业标准的十万级洁净车间正式投产。新车间建筑按照 LEED 绿色建筑金级认证标准建造，引入多项领先的绿色节能环保技术，努力实现节能降耗和水资源降耗；车间运营则按照智能车间设计，力求打造高效、智能的生产模式。

目前，中国已成为欧莱雅首个投建洁净车间的市场，此次苏州洁净车间投入使用后，欧莱雅将同时拥有苏州及宜昌工厂的洁净车间。该洁净车间将以高于美妆行业的标准，把握绿色科学的前瞻趋势，以期树立美妆行业高质量生产新标杆，致力于为消费者提供更高质量和高水准的服务。

（二）运输中的绿色物流

欧莱雅于 2022 年开发了温室气体（GHG）排放计算工具，通过该工具可每月查看数据并快速确定碳排放产生的主要来源，并预测全年 GHG 排放数据，同时采取以下关键措施，推动减排承诺的实现。

1. 关于入境运输的减排行动（将货物从国际生产地运至中国）：空运的单位运输量所排放的二氧化碳高于其他运输方式，因此，欧莱雅提倡优先使用海运和铁路运输。此外，欧莱雅特别成立了一个跨部门工作组，确保价值链中的所有团队了解他们在实现可持续发展承诺中的角色。同时，欧莱雅发布了内部指南，旨在明确责任以及何时和如何应用空运的标准化决策方法。在我国，欧莱雅于 2016 年进行了广州至欧洲铁路运输线路的试运营， 并沿用至今。

2. 关于对外运输的减排行动（将商品从欧莱雅中国仓库运送至消费者）：在城市间的运输，欧莱雅采用如液化天然气卡车这样的低排放运输方式，减少温室气体排放。2022 年，欧莱雅已运营了 12 条城市绿色物流路线。此外，自 2020 年起，上海也在试行电动自行车交付电商包裹。目前，在上海市区内，欧莱雅已经采用零排放的绿色车辆进行货物和包裹配送。

（三）运营场所中的碳减排与可再生能源使用

2023 年，欧莱雅在我国的减碳之旅步履不停，成果亮眼。苏州和宜昌工厂先后投资更新和扩容厂区内的太阳能发电设备，提高自产可再生能源能力。欧莱雅将有限的可再生能源留给更多用户，共享可持续发展的未来。

欧莱雅中国实现所有运营场所碳中和的技术路径分为三步——第一步：节能减排（Reduce），降耗增效。千里之行，积于跬步。欧莱雅在我国各个运营场所减少碳排放的第一步就是降低现有能源消耗，从而达到减少直接碳排放的目的。第二步：自建可再生能源设施（Recycle），利用太阳能和其他生物质能源。第三步：引入可再生能源（Replace），替代传统热电。

欧莱雅在办公区域的设计及运营中融入环保理念，办公场所使用的所有灯光均为 LED 感应灯，以减少能源消耗。本地服务器机房的所有机柜都进行了改造，升级为可持续节能的智能机柜。欧莱雅中国位于上海的静华大厦办公室及越洋广场办公室的所有设计，均获得了绿色能源与环境设计先锋（Leadership in Energy and Environmental Design，LEED）金级认证。目前，欧莱雅已经在我国的分销中心、研发和创新中心以及办公室达成 100% 使用绿色电力。

三、欧莱雅可持续采购与供应链管理

欧莱雅中国遵循欧莱雅全球战略，在供应商管理中设置准入原则与管理机制，寻求在人权、工作条件、环境管理和商业诚信方面与欧莱雅有着相同道德标准的商业伙伴。在准入原则上，根据“欧莱雅，为明天”的框架，鼓励供应商深入了解欧莱雅可持续发展体系，并针对供应商建立定量的管理目标，未来会逐渐将这些指标纳入供应商准入的硬性要求。在管理机制上，对供应商的考核设定五个维度，分别是服务质量、价格、创新能力、物流管理成效以及可持续发展，五个维度的权重一致，各占20%。同时，欧莱雅还引入 EcoVadis[1] 和全球环境信息研究中心（CDP）[2] 评分机制，来综合衡量供应商的环境保护情况。

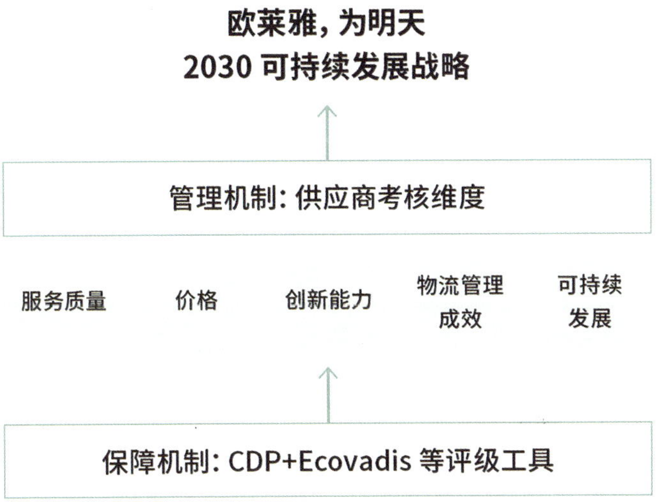

图 4　欧莱雅供应商考核管理机制

[1]EcoVadis 是一个帮助企业评估供应商的社会责任及环境情况的平台。

[2]CDP 是一家总部位于伦敦的国际组织，致力于推动减少温室气体排放、保护水和森林资源，其评分被广泛运用于投资和采购决策、助力零碳、可持续和有活力的经济发展。

欧莱雅中国遵循欧莱雅全球坚持的可持续采购战略，通过 5 项采购原则（Sourcing Pillars）对原材料种植和收获阶段进行评估和管理，保障产品源头的可持续实践。

欧莱雅在推动自我转型的同时，也带动供应链伙伴可持续转型，从而共同实现绿色发展。2019 年，欧莱雅首次针对直接采购供应商召开供应商大会。2022 年 7 月，欧莱雅再次携手近百家战略供应商，以“欧莱雅为明天，低碳不低调”为主题，召开欧莱雅北亚及中国间接采购供应商大会，旨在带动更多供应商协同行动，共同推动可持续发展，响应全球 1.5 度控温计划，为我国实现双碳目标作出贡献。为帮助供应商实现减排目标，欧莱雅还鼓励他们参与 CDP 评级与改进。截至 2022 年 8 月，欧莱雅北亚地区的直接采购战略供应商已全部纳入 CDP 考核。欧莱雅中国还与供应商建立“双向评分”机制，为在可持续发展方面表现不尽如人意的供应商提供建议并要求其开展整改。

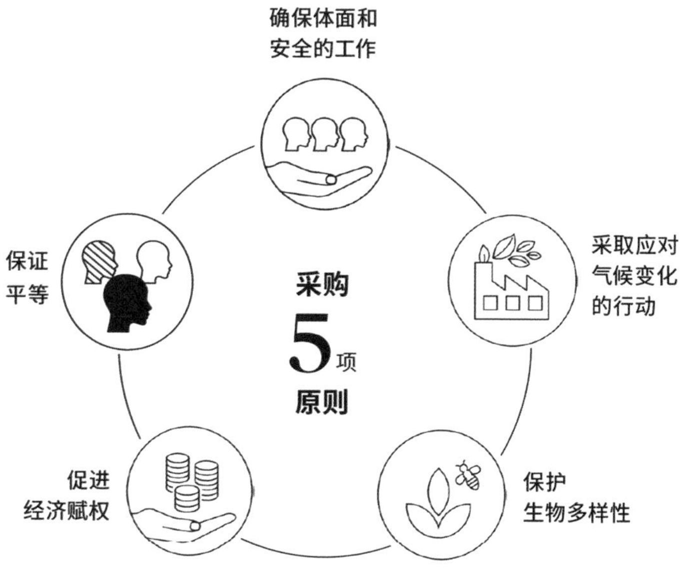

图 5　欧莱雅 5 项采购原则

案例一：欧莱雅携手战略供应商发表“低碳不低调”宣言

2023 年 6 月，在上海举行的首届上海国际碳中和技术、产品与成果博览会（以下简称“碳博会”）上，欧莱雅北亚区总部联合 10 家战略供应商共同发布“低碳不低调”减碳宣言，致力于打造绿色供应链，推进全价值链碳减排。

10 家战略供应商分别为菜鸟集团、微软中国、华熙生物科技股份有限公司、上海西西艾尔启东日用化学品有限公司、铜陵洁雅生物科技股份有限公司、三樱包装（江苏）有限公司、浙江正庄实业有限公司、中山市联昌喷雾泵有限公司、上海英宇包装科技有限公司以及斯道拉恩索 (Stora Enso)。

图 6 欧莱雅北亚 10 家战略供应商共同发布“低碳不低调”的减碳宣言

10 家战略供应商均参加了 CDP 和 EcoVadis 评级并同意加入减碳行动，欧莱雅会通过培训和分享经验等措施帮助他们达到减碳目标。

图 7　欧莱雅碳博会展台上的“碳中和时空隧道”

案例二：欧莱雅助力雅利集团“绿色印刷”转型

雅利集团是欧莱雅中国供应链体系中的一员，承接标签印刷的业务。雅利印刷于 2017 年首次参加了 CDP 评分，当时的评分是 D 等级，仅达到“披露”。为助力雅利集团苏州工厂加快绿色低碳转型进程，欧莱雅在合作期间多次邀请雅利集团代表参与内部专业培训与工作坊，内容涵盖能源效率、节能减排等领域的经验和方法。此外，欧莱雅还带领团队前往雅利集团苏州工厂进行实地考察，切实帮助其挖掘提高能源效率与节能减排的机会，并在联合研讨会中与雅利集团共同商讨并设定其实现碳中和的路径。

得益于欧莱雅的指导与支持，雅利集团苏州工厂通过三大步骤实现碳中和：第一步，最大化减少能源消耗，如厂房增建超过 4.4 万平方米保温墙，以 LED 灯替代办公室日光灯，推行集中办公制度。第二步，系统化升级工厂设备，如在车间干燥设备率先使用LED固化灯，减耗电能50%；使用集中水冷系统，节省能源30%。第三步，引入可再生能源，如厂房屋顶铺设约1820平方米太阳能光伏电板；员工班车与市区内物流送货车辆使用纯电动汽车，每年节省燃油约4500升。2019年，雅利集团的CDP评分跃至B-等级。2022年9月，在欧莱雅的牵线下，雅利集团苏州工厂通过瑞士通用公证行（SGS）认证，正式获得《达成碳中和宣告核证声明》。同年11月，雅利集团正式宣布其位于苏州的工厂实现碳中和，成为欧莱雅北亚区首个供应商合作减碳的成功试点。雅利集团在2023年达到CDP评分A-等级，目标到2026年达到A等级，与供应链和客户携手合作，共同为社会可持续发展注入力量。

案例三：欧莱雅推动即索完成碳中和认证

即索实业是欧莱雅中国供应链体系中的一家合成纤维制造商，主要生产无纺布质地的高端面膜。即索从2020年6月开始新建研发生产基地，主要用作面膜无纺布裁切折叠加工和无纺布材料研发检验中心，同年10月正式投产运营。

2020年11月，即索参与了欧莱雅关于碳足迹和碳中和PAS2060项目的培训，并对即索公司历年的能源使用情况进行了初步统计。自2021年3月起，即索接受欧莱雅的培训指导。对内部节能数据进行测算后，即索公司积极响应欧莱雅关于低碳战略的倡议，决定启动碳足迹和碳中和项目。2023年7月，确定碳足迹和碳中和项目的基本实施方案后，即索与SGS签署合作协议，接受由SGS提供的碳足迹和碳中和相关技术支持和咨询服务。

2023年9月，即索完成碳中和清册：即索总的碳排放量为11107.68吨二氧化碳当量，其中，须中和总额为800吨二氧化碳当量。同月，即索正式通过ISO14064-1:2018认证；10月，根据清册结果，即索确认了碳中和方案，范围一的58.1吨二氧化碳当量采用碳信用方案；范围二的809.65吨二氧化碳当量采用绿证减排。10月底，即索正式通过了PAS2060的碳中和认证。

案例四：荣庆物流响应欧莱雅号召推行“绿色运输”

荣庆物流是与欧莱雅中国合作17年的战略合作伙伴，业务覆盖运输与仓储。荣庆物流始终在企业核心价值观和环保意识上与欧莱雅保持高度的默契与共振频率。近几年来，荣庆物流积极响应国家号召和欧莱雅的战略，在绿色运输、绿色运输减排测算以及绿色仓储等方面与欧莱雅保持长期合作。荣庆物流在欧莱雅项目上大力推行新能源车辆的使用，在欧莱雅城市配送项目中投入9辆天然气卡车和3辆生物柴油卡车，在欧莱雅市配项目中投入79辆电动汽车，覆盖10个城市。除此之外，荣庆物流全面推行节能减排的举措，包括荣庆物流在太仓新建的基地也同步推行各种再生能源、节能环保及绿色能源项目，例如雨水循环收集、LED灯、太阳能面板等。据荣庆物流2020—2021年COP[1]报告披露，荣庆物流新能源汽车投入17辆，消耗生物质柴油占比达到11.9%，非传统水资源利用率为20.3%，可再生能源热水量利用率占比91.8%，安装节能设备节约电量29000kwh，循环利用中转箱2600个。2021年，荣庆物流被欧莱雅中国授予CO_2减排合作奖，是欧莱雅中国区B2B业务唯一被授予此奖的供应商。荣庆物流已制定了2030年碳排放强度较2020年降低50%的目标，未来将通过运输车辆更替、清洁能源引入、设备能效提升、制冷剂能效提升、辅助驾驶设备引入等实施路径，携手欧莱雅共同实践我国双碳战略。

[1]COP全球契约年度进展报告制度创建于2003年，是联合国全球契约会员和签约单位向全球契约报告企业在过去一年在社会责任方面所做的努力和工作绩效报告。

四、循环经济与废弃物管理

（一）绿色原料

欧莱雅所有产品以保护生物多样性为基本原则，全球大约使用1600多种原材料，源自近350种植物。坚持取之有度、用之有节的开采方式，不只是在保护生态环境，亦是在维护人类自身的永续发展。除了在原材料供应上坚持可持续，欧莱雅还不断通过新的生物技术、发酵、绿色化学原理等提高原材料的转化率，持续研发绿色配方，提高产品中可再生成分的比重。

多年来，欧莱雅追求绿色配方，采用“绿色科学”的方式，对产品原料、活性成分和配方组合进行全面转型，致力于打造减碳环保的美妆产品，如今已取得切实的成果。截至2022年，欧莱雅配方中61%的原料成分来源于生物基。多类产品加入生物可降解配方，巴黎欧莱雅的玻尿酸水光润发乳的生物可降解性高达99%，同系列洗发露的生物可降解性高达95%。

欧莱雅研发和创新中心致力在负责任的、颠覆性创新的全新领域勇当美妆行业先锋。在产品开发创新方面，以更高功效和更可持续为准绳：成分选择从大自然中汲取灵感，源于自然并尊重自然；配方设计持续改进，减少对环境的影响，实现可生物降解、可资源再生。同时，积极寻找解决方案来优化和创新技术，以便更好地实现“欧莱雅，为明天”2030年可持续发展承诺。2022年，欧莱雅通过采用生物基原料，改进了Stabi亮肤霜的配方，并在MAD泡沫洁面乳中尽可能减少非生物基聚合物的使用，实现生物降解率大于94%，在降低产品对环境的影响的同时，也取得了优秀的消费者测试结果。

（二）低碳可持续门店

1. 环境友好门店认证

欧莱雅中国秉承低碳、环保理念，持续致力于打造环境友好型门店，通过生态设计、资源回收等方式践行可持续发展理念。目前在我国，欧莱雅一共有包含上海南京东路巴黎欧莱雅旗舰店、上海新天地 YSL、北京王府井 APM 兰蔻在内的 26 家门店获得 LEED 认证，其中 17 家金级与 9 家银级。

2. 门店生态设计

2018 年起，欧莱雅开始在我国推动零售门店的生态设计。欧莱雅针对线下店铺使用的推广品、印刷品等物料要求采用森林管理委员会（Forest Stewardship Council，FSC）认证的纸张，保证森林的可持续发展，并要求所有零售店的设计都要尊重欧莱雅设立的生态设计黄金原则。目前，欧莱雅旗下修丽可拥有 44 家的可持续设计门店，占比为 100%。专业美发部共有 3 家可持续设计旗舰沙龙门店，占比为 100%。欧莱雅 PRO 全球旗舰沙龙是全球首家荣获能源与环境先锋金级认证绿色建筑（LEED GOLD）的沙龙。在大众化妆品部负责的门店中，巴黎欧莱雅有 1 家可持续设计门店，陈列柜台（POS）和品牌旗舰店（FSS）生态设计占比达 100% 。

五、欧莱雅供应链数字化与创新技术应用

案例：欧莱雅中国苏州智能运营中心启用

欧莱雅全球首家自建智能运营中心（以下简称“智能运营中心”）位于江苏省苏州市苏州工业园区。该智能运营中心充分运用尖端的数字化和自动化技术，为我国市场提供更高品质的服务和体验。

智能运营中心主要支持欧莱雅中国的大众化妆品部、皮肤科学美容事业部和专业美发产品部在我国市场的线上直供消费者（D2C）订单，涵盖旗下包括巴黎欧莱雅、适乐肤、卡诗等10个品牌。该中心还为线下零售、商超和美发沙龙等商业客户提供服务。

为了满足我国电商市场日益增长的需求，智能运营中心设计了出色的执行规模和履单效率。在占地面积达4.6万平方米的建筑空间内，配备了先进的自动化系统。通过自动分拣和移动机器人的应用，该中心每年可处理高达5000万个D2C订单，以及1700万个商业客户订单。得益于先进的数字技术和欧莱雅在数据方面的深厚积累，智能运营中心的履单效率达到了新高度——每小时能处理超过7000个D2C订单。

欧莱雅将可持续发展作为所有商业决策的重要因素。智能运营中心采用100%可再生能源，并实施严格的资源管理措施，进一步践行欧莱雅2030年可持续发展承诺。

图8 欧莱雅苏州智能运营中心示意图

未来，智能运营中心将成为欧莱雅展示供应链布局和运营能力转型的窗口，为我国消费者和客户提供高品质的服务和体验。

六、欧莱雅供应链社会责任与员工福祉

欧莱雅坚信公平和包容是推进可持续发展的关键因素。通过创新高效的人才管理以及多元包容的社区公益，不断促进社会包容性发展。欧莱雅凭借不断创新与突破传统的精神，无论在美妆科技业务，还是人才管理实践，一直走在行业前沿。在人力资源管理方面，数字化转型时代下的技术变革与新生代员工的期待，要求人力资源管理转变为“自下而上”服务，从消费者和员工的体验出发，通过数字化转型，更好地了解员工的需求，更快地捕捉员工的反馈，让他们可以将更多精力投入在更具战略性且更有意义的工作上。

（一）高质量就业

欧莱雅中国始终致力于为人才提供良好的发展土壤，促进人才的高质量就业。欧莱雅不仅在公司内部积极实施民主管理，维护员工合法权益，同时多措并举营造多元人才与包容的文化氛围，让员工的幸福感和获得感不断增强，构建和谐稳定的劳动关系。

2021 年，欧莱雅推出“敢为，敢超越——创造美，让世界为之所动”的全新雇主品牌价值主张，与“以人为本”的自进化型组织和文化紧密结合，塑造未来人才，营造创新环境，实现从“敏捷企业”到“自进化型企业”的转型。欧莱雅中国荣膺杰出雇主 2023 认证。欧莱雅雇主品牌价值主张：“敢为，敢超越——创造美，让世界为之所动”（Freedom to go beyond that’s the beauty of L’Oréal）的四大支柱是：多元性、创业

精神、成长、目标。

欧莱雅为员工提供体面的工作，保障员工健康、权益和薪酬福利，通过一系列实践项目，为人才搭建更广阔、多元和平等的舞台，帮助他们在人生各个阶段实现自我突破。2021 年，欧莱雅中国雇用了将近五千名 30 岁以下的年轻人，提供了近 8 万个就业机会，青年群体成为公司重要的人才力量。

欧莱雅中国严格遵守我国法律法规，制定了全面和系统的《员工手册》，涵盖了一般原则、合同签订和试用期、工作岗位与绩效评估、安全、工作时间及出勤、薪酬、假期和休假、保密等方面的规范性要求。在规范员工行为的同时，充分发挥员工积极性，提升工作效率，保障员工权益。目前，欧莱雅中国工会覆盖率已经达到全体职工人数的 95% 以上，被授予"上海市和谐劳动关系达标企业"称号。

（二）员工培养与人才发展

欧莱雅坚信学习是员工个人成长和公司业务增长的强大基石。欧莱雅拥有"Test & Learn（勇于尝试，从中学习）"的文化，鼓励员工在日常工作中不断尝试新事物。每位欧莱雅员工的培训计划由两部分组成：岗位必修 MUST 和自主选修 FLEX。员工每年拥有一次自主选修培训的机会，可从"能效加速力""职场影响力""未来创造力""业务发展力"四大类别共 25 个话题中选择一门学习。截至目前有 75% 的员工至少参加过 1 次自主选修培训，学员满意度超过 84%。此外，员工还可以随时通过手机移动端小程序参加线上直播课程或微信学习小组活动进行学习。2022 年，欧莱雅中国的全体员工均接受了各种形式的培训，共计有 7737 名员工完成了 473433 个培训学时。

在培训内容方面，欧莱雅中国打造了丰富多彩的课程项目，如 2022

年开启的“Data that works（有效的数据）”“商务与零售赋能周”“Content that works（有效的内容）”等，帮助每一位员工更灵活地主动探索并释放自己的职业发展潜能。此外，欧莱雅还创新培训目录，新增可持续发展相关的培训模块，如“欧莱雅，为明天（Green Steps）”。针对这些面向未来的主题，不断提高员工技能水平、拓宽公司整体知识资本，是欧莱雅转型新阶段的主要目标之一。

七、合作伙伴关系与共同发展

（一）欧莱雅健康低碳专项基金

2022 年 7 月，为促进绿色低碳消费，提升美妆领域消费者知情权的保护水平，欧莱雅中国捐资与上海市消费者权益保护基金会共同成立“欧莱雅健康低碳专项基金”。这是上海市消费者权益保护基金会内首个聚焦美妆行业消费者健康教育和首个国内专注于推动绿色消费的专项基金，也是首个上海市消费者权益保护基金会与外资消费品公司共同设立的专项基金。

“欧莱雅健康低碳专项基金”致力于提升消费者对化妆品成分功效的健康安全意识，引导化妆品行业在产品健康安全和低碳绿色领域建立更公开、更透明的消费者沟通机制等。该基金将借鉴国际上的成功经验和做法，推动建立国内化妆品领域产品低碳科学评价体系与标签系统，为消费者提供可衡量、可比较的信息，并助推化妆品行业在低碳绿色可持续方面的产业升级。同时也将着力开展化妆品成分的公益科普活动，倡导健康安全的消费理念。在该专项基金的支持下，欧莱雅产品环境影响信息及等级标注系统（欧莱雅产品环境影响五色盘）在 2023 年 4 月第三届中国国际消费品博览会期间正式发布。

（二）加入 EcoBeautyScore 联盟

欧莱雅致力于与其他的行业参与者共同构建一个适用于整个化妆品行业的环境影响的测量与评分机制。2021 年 4 月，42 家化妆品和个人护理公司以及专业协会携手成立 EcoBeautyScore 联盟，旨在打造一个行业通用的化妆品对环境影响的测量与评分系统。欧莱雅作为联盟的 5 位发起成员之一，承诺与其他成员分享欧莱雅在环境和社会影响披露方面的经验，尤其是分享消费者对欧莱雅所提供的信息的具体反馈，并以欧莱雅的相关经验推动联盟工作。

（三）“3R”减碳，扩大合作“妆点”可持续生活

在产品包装方面，欧莱雅的所有材料包装均遵循“3R”原则：可回收（Recycle）、可替换（Replace）、减量化（Reduce）。“可回收”指确保包装可在现有渠道中进行回收利用。欧莱雅承诺到 2025 年，100% 的塑料包装都将是二次填充的、可重复使用的、可回收或可制成肥料的。“可替换”指替换并使用对环境影响更小的材料（如消费后回收再生材料）。欧莱雅承诺到 2030 年，产品包装中所用的 100% 塑料均源自回收材料或生物基材料（将在 2025 年达到 50%）。“减量化”指源头减量，通过改变包装形式、优化包装结构、提供可替换包装、更大容量设计等方法，来减少包装材料的使用。欧莱雅承诺到 2030 年，产品包装数量在 2019 年基础上减少 20%[1]。

2023 年 4 月，威立雅中国子公司威立雅华菲与欧莱雅成功扩大合作范围，在材料品类上，扩充了再生聚对苯二甲酸乙二醇酯（r–PET）品类的供应，供应数量也逐年增长。同为法国知名跨国公司，威立雅和欧

[1] 以强度（单位内容物所需包材重量）来计算。

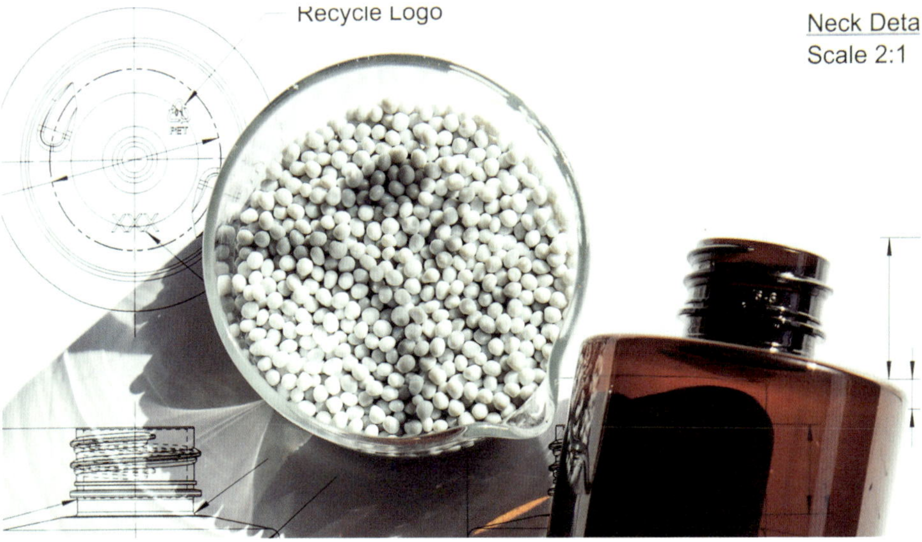

图 9　威立雅再生塑料包装

莱雅一直以来致力于推动可持续发展，促进行业优化。2021 年威立雅公司宣布为欧莱雅的全球产品包装提供高品质的再生塑料。两者在我国的合作始于 2019 年，从最初的 PCR（消费后再生塑料）用于包装的合作探索到 2020 年建立长期合作关系到如今扩大合作范围，威立雅助力欧莱雅提升材料多样性，进一步供应高品质再生塑料，减少碳足迹和资源消耗。到 2030 年，欧莱雅产品包装中所用的塑料将 100% 源自回收再生或生物基材料（目标在 2025 年达到 50%）。

欧莱雅的包装团队致力于包装设计创新，提高产品包装在现有渠道实现回收再利用的便捷性，促进循环经济发展。2022 年，巴黎欧莱雅推出第二代“欧莱雅大金瓶”洗护产品，其泵头使用专利“环保泵头”，为欧莱雅首个 100% 可回收材质，不包含传统泵头的金属成分，并且其瓶身采用再生塑料设计，实现包装整体可回收。此举每年可节省 413 吨原生塑料，约等于 1/24 个埃菲尔铁塔的重量。

八、总结与未来展望

创新是推动高质量发展、构建新发展格局、加快形成新质生产力的关键要素。在建立可持续绿色供应链的过程中，欧莱雅以推动行业发展进步为己任，以“企业向善”和履行企业社会责任为导向，在节能减排和低碳环保的道路上作出积极有益的探索和实践。

从2013年“美丽，与众共享”可持续发展承诺到2020年启动“欧莱雅，为明天”可持续性项目；从2022年欧莱雅苏州尚美工厂洁净车间成功启用，到2023年在首届碳博会上发布“低碳不低调”减碳宣言，以及2024年欧莱雅苏州智能运营中心开幕……欧莱雅与供应商双向赋能，一举多赢，在提升供应链、产业链协同效率，实现韧性供给、降低能耗，助推绿色转型、促成价值共创方面取得了令业界瞩目的成绩。

未来，欧莱雅将切实推进节能减排（Reduce）、自建可再生能源设施（Recycle）和引入可再生能源（Replace）的“技术路径三部曲”，以实现所有运营场所碳中和的美好愿景。同时，将环境友好理念贯穿于企业管理和运营实践，利用先进科学技术手段，以“抵御气候变化、以可持续方式管理水资源、尊重生物多样性、保护自然资源”四大关键举措推进可持续发展目标进程，加速自我转型。

在“欧莱雅，为明天”2030可持续发展宏伟目标的指引下，欧莱雅中国将对内加速变革，对外赋能生态圈，在构建更加可持续的商业模式的基础上，为发展和提升新质生产力、培育未来产业创新壮大以及推动美好消费变革作出长期贡献。

企业介绍

115 年以来，欧莱雅身为全球美丽事业的先行者，坚持满足全球各地消费者对美的需求和向往。欧莱雅以“创造美，让世界为之所动”为使命，以不可或缺、包容、道德、慷慨的态度定义美，并致力于社会和环境的可持续发展。凭借欧莱雅旗下 37 个国际品牌的强大组合以及富有前瞻性的“欧莱雅，为明天——可持续发展承诺 2030”，欧莱雅向全球各地消费者提供优质、高效、安全、真诚且负责任的美妆产品，以发挥潜力无限的多元之美。

欧莱雅中国目前在中国拥有 31 个品牌，一个研发和创新中心，两家工厂分别位于苏州和宜昌，共有超过 1.5 万名员工。经过 26 年高质量、稳健、可持续的增长，中国已成为欧莱雅全球第二大市场、欧莱雅北亚区美妆黄金三角洲的总部以及欧莱雅美妆科技三大枢纽之一。2022 年是欧莱雅进入中国内地市场 25 周年，欧莱雅在中国市场设立了欧莱雅首个区域市场的风险投资公司——上海美次方投资有限公司，并在苏州奠基了欧莱雅全球首家自建智能运营中心。作为负责任的企业公民，欧莱雅中国始终贯彻落实欧莱雅提出的“欧莱雅，为明天——可持续发展承诺 2030”，是集团首个自身运营场所采用 100% 可再生能源的市场，并积极通过社会责任项目，持续对中国社会的美好发展作出贡献。

欧冶云商

建设钢铁行业 EPD 平台
促进产业链数字化转型

作为钢铁行业低碳发展的推动者和赋能者，同时也作为钢铁行业 EPD 平台具体筹建方和运营商，欧冶云商股份有限公司通过构建“平台 + 生态、技术 + 场景、线上 + 线下”的钢铁共享服务生态圈，促进了钢铁产业链提质增效和数字化转型，对钢铁行业绿色低碳发展起到了积极作用。欧冶云商始终坚守第三方平台定位，确保 LCA 方法科学，不断提升 EPD 平台的行业公信力、国际认可度与影响力，积极应对数据壁垒、“气候壁垒”和国际贸易壁垒，助力钢铁企业畅通“碳”信息沟通，进一步开拓国际市场，向世界展现中国钢铁企业的绿色低碳之路。

一、钢铁行业 EPD 平台目标及战略

在实现碳达峰碳中和国家战略目标的背景下，钢铁行业作为 31 个制造业门类中碳排放量最大的行业，温室气体减排压力巨大。我国钢铁行业积极应对气候变化，2022 年 8 月，在钢铁行业低碳工作推进委员会 2022 年年会上，中国钢铁工业协会（以下简称“中钢协”）发布了《钢铁行业碳中和愿景和低碳技术路线图》（以下简称“《路线图》”）。考虑到我国资源禀赋、能源结构和钢铁工业发展现状，《路线图》提出了双碳愿景，明确了我国钢铁工业双碳技术路径，即系统能效提升、资源循环利用、流程优化创新、冶炼工艺突破、产品迭代升级、捕集封存利用。此外，《路线图》还提出深化供给侧结构性改革，持续优化工艺流程结构，创新发展低碳技术，打造绿色低碳产业链，加强全球低碳产业创新合作五项重点任务。通过跨行业协同、跨产业协同，逐步建成以钢铁行业为中心的低碳、零碳生态圈。

科学量化产品的环境绩效，是实现钢铁行业绿色低碳转型的重要环节。在科学量化产品环境绩效方面，当时存在以下问题：

（一）钢铁产业链各相关行业普遍缺乏对环境产品声明（Environmental Product Declaration，EPD）的认知，从事产品生命周期分析（Life Cycle Assessment，LCA）研究的专业人才严重匮乏。

（二）缺乏科学、完整、高质量的钢铁产业链产品全生命周期环境绩效评价用生命周期清单数据库（Life Cycle Inventory，LCI）；不同企业、部门和地区之间的 LCI 数据也存在壁垒和隔离。

（三）国内没有已建成的、能为钢铁产业链提供产品环境绩效信息披露的 EPD 平台，不得不转向国外的 EPD 平台，导致的结果是 EPD 开

发周期长、价格昂贵并存在数据安全隐患。

在这样的背景下，由中钢协策划组织，中国宝武钢铁集团有限公司（以下简称“中国宝武”）等企业共同发起，欧冶云商股份有限公司（以下简称“欧冶云商”）投资建设了钢铁行业 EPD 平台，以对接国际标准，规范披露钢铁产品的环境绩效信息。

二、供应链碳中和实践

（一）平台基本情况

2021 年 8 月，中钢协组织中国宝武等企业策划并启动了钢铁行业 EPD 平台建设工作，围绕“行业参与、政府支持、用户认可、市场采信、国际公认的，能够为钢铁产业链提供权威、公信的环境绩效信息披露服务平台”建设要求，有序开展了平台建设、组织建设和体系建设等工作。

钢铁行业 EPD 平台作为一个公益性公共平台，致力于为国内外需要发布 EPD 的用户提供展示产品环境绩效和企业社会责任，遵循 ISO14020、ISO14025、ISO/TR14027、ISO14040、ISO14044 等国际标准的规定，对产品全生命周期环境绩效进行“规整化”输出，使任何组织都能以可靠的、可比较的、可理解的方式，披露与其产品生命周期有关的量化环境影响信息。通过公开披露从原料到生产再到使用以及回收利用产品全生命周期各个阶段的环境影响信息，可让产品制造的各个环节发现环境绩效的改进机会，也为下游用户提供更多的知情权和选择权。

平台上线以来，不断加强与政府、行业协会、产业链相关企业、第三方认证机构的交流，致力于提高钢铁行业 EPD 平台的知名度和影响力，以推进 EPD 发布，促进钢厂建立产品 LCA 研究能力，并帮助下游终端用户直观通过 EPD 掌握产品的环境影响信息。

截至 2024 年 4 月 19 日，平台已累计发布产品种类规则 9 份，EPD 报告 115 份。其中，涉及钢铁类产品 89 份，铁矿石产品 13 份，熔剂矿产品 8 份，空气分离气体产品 3 份，金属废料回收服务 2 份。

（二）理论依据

1. 什么是 EPD？

EPD 是基于生命周期评价方法论的Ⅲ型环境声明（ISO14025），是对产品生命周期各个阶段产生的环境影响的具体量化。

EPD 提供了与产品相关的碳足迹、水足迹、酸化、富营养化等一系列科学的、可验证的量化环境绩效指标，发布的数据被认为具有较大的公信力。按照 ISO14025 的规定，EPD 的所有信息和数据，均应获得独立的第三方验证，产品生命周期各阶段相关的过程、数据均应基于事实，可验证、可追溯。因此，EPD 可为市场及管理者提供更加全面、可比的环境绩效数据。

因为基于国际统一的标准，EPD 是一份国际公认、可进行量化对比、可向各利益相关方提供可信、可验证的环境绩效数据的技术文件。EPD 是目前世界上应用最广泛的环境声明，几乎覆盖全球，涉及的产品种类基本覆盖所有产品和服务。

2. 遵循的标准

EPD 遵循的主要国际标准有：

ISO14025：2005《环境标志和声明Ⅲ型环境声明　原则和程序》；

ISO14040：2006《环境管理　生命周期评价　原则与框架》；

ISO14044：2006《环境管理　生命周期评价　要求与指南》。

（三）发展历程

面对下游用户的强烈需求和来自自身的严峻挑战，建设属于我国钢铁行业的 EPD 平台已经迫在眉睫。为此，中钢协多次与中国宝武沟通筹建钢铁行业 EPD 认证平台相关情况，经过多方论证并取得一致意见：钢铁行业 EPD 平台由中钢协统筹组织，由中国宝武总体牵头，由欧冶云商具体筹建和运营。

中钢协作为国内有威信、国际有影响的行业组织，在国内牵头组织开展钢铁行业 EPD 工作，是合适的选择；作为政府和企业之间的桥梁，中钢协的第三方属性能够保证评价结果的公正性；作为我国钢铁行业的代表，能够有理、有利、有节地对接国际钢铁行业和国际认证机构，实现认证结果的互认；作为行业绿色低碳发展的引领者，有助于推动低碳环保标准的制定和实施，有利于 EPD 平台的推广应用。

中国宝武作为全球最大的钢铁企业，将“绿色”作为企业的生命底色和战略基色，大力推进碳减排工作，率先发布碳达峰碳中和宣言。中央研究院、宝山钢铁股份有限公司从 2003 年起就开展了 LCA 方法论的研究和实践，并在 EPD 开发方面开展了大量工作，已经发布了 5 个产品的 EPD 文件，积累了丰富的经验。

从 2015 年起，欧冶云商开展产业互联网的创新实践，平台聚集了大量的钢铁产业链上游钢厂和下游客户，具备高效、专业的平台建设和运营能力，多元化的股权结构进一步提升了平台的第三方属性。

EPD 平台建设是一项较为复杂且细致的工作，国内没有成熟的建设经验可供借鉴。中钢协和中国宝武高度重视，成立“EPD 平台专项工作组”，集中中国宝武内部各方优势资源。欧冶云商内部也形成了专业建设运维团队，分管领导、专家和优秀的年轻成员都加入工作组，立志快速建成具有行业权威和影响力的 EPD 平台，并促使其快速推广、快速迭代。

2021 年 12 月，中钢协、中国宝武、欧冶云商的代表在常熟领导力发展中心举行会议，与会领导听取了欧冶云商关于中国钢铁行业 EPD 平台建设情况汇报后，一致认同了建立我国 EPD 平台的必要性。会议明确了欧冶云商建设并运维钢铁行业 EPD 平台的模式，确认了各委员会专家领导名单、组织架构、域名商标、第一份产品种类规则（Product Category Rules，PCR）的制定，以及发布首份 EPD 的要求。会议还明确了这项工作的紧迫性，必须建立具备权威性、公允性的真正标准，提高钢铁行业数据保密性和安全性，形成中国钢铁产品全生命周期的碳管理能力，提高参与度。

2022 年 2 月，EPD 平台内测会在欧冶云商举行，工作组在短短三个月内基本完成了 EPD 平台运行模式策划、流程设计、规则编制、EPD 平台用户端及运营端建设等重要工作。

图 1　钢铁行业 EPD 平台首发上线

2022 年 5 月，钢铁行业 EPD 平台首发仪式在北京圆满举行。国家发展和改革委员会、工业和信息化部、生态环境部、商务部、国家市场监督管理总局等有关部委，对钢铁行业 EPD 平台在国家双碳战略上的价值给予了充分肯定，并希望平台深化创新，为钢铁行业高质量发展创造更优价值。

钢铁行业 EPD 平台（以下简称“平台”）的首发使我国钢铁行业的绿色低碳发展迈出了关键一步。这项工作弥补了长期以来行业缺乏自有 EPD 平台的空白，为我国钢铁行业低碳转型发展提供了有力支撑，对于我国钢铁行业积极融入国际绿色贸易体系有着深远意义。

（四）平台建设和治理

1. 制定平台通用规则（GPI）

平台在上线初建立了管理通用规则，明确了平台的目标和范围、组织架构和角色、平台管理程序、PCR 和 EPD 开发过程、EPD 验证过程、PCR 和 EPD 的内容和格式等，确保平台规范运作。

基于实际运行情况以及各相关方提出的意见和建议，完成平台通用规则（General Programme Instructions，GPI）的修订并于 2023 年 6 月发布了通用平台规则（GPI）2.0 版。

2. 制定平台管理制度

为保证数据采集、LCA 研究、独立验证等核心工作的标准化运作，提高平台的工作效率，平台编制于 2023 年 9 月发布了《钢铁行业 EPD 平台 EPD 模板》《钢铁行业 EPD 平台 PCR 模板》《钢铁行业 EPD 平台 LCA/LCI 模板》《钢铁行业 EPD 平台独立验证报告模板》《钢铁产品数据搜集模板》五个模板。

为了规范 EPD 报告的现场数据质量要求，平台于 2023 年 11 月发布了《关于现场数据质量要求及特定情况下EPD的发布规则的补充规定(暂行)》。目前平台已经形成了较为完整的EPD平台运行管理制度，包括：用户注册、业务运行、价格管理、抱怨管理、合同管理、数据安全、宣传推广、平台标识管理八个方面，确保平台规范化高效运行。

3. 开展生命周期评价研究

生命周期评价是一种“从摇篮到坟墓”的环境管理和分析工具，它量化了产品全生命周期的资源消耗、能源消耗及环境排放，并评价这些消耗和排放对资源、生态环境及人体健康带来的影响。

LCA的研究内容包括：目标与范围定义、清单分析研究、影响评价研究、不确定性研究、贡献分析研究、清单结果研究、针对行业的LCA研究。

4. 成立技术委员会

平台上线的同时建立了第一届技术委员会，由50名来自钢厂、用钢企业、高校、研究机构、认证机构等方面的专家组成，充分体现平台的中立性，保障了PCR开发的科学性。

5. 招募认证机构和个人验证者

钢铁行业EPD平台持续招募国内自愿参与平台验证工作的第三方独立认证机构入驻，经过准入评审，目前共有22家第三方认证机构入选，协同平台做好EPD验证工作，保障平台所发布EPD的公允性。

平台于2023年8月起公开招募符合相关要求的个人验证者，目前已收到19名专家的报名申请，相关人员的资质审核工作正在进行中。

6. 平台推广

钢铁行业EPD平台于2022年5月举行了首发仪式。2022—2023年，平台先后参加了世界钢铁协会国家和地区行业协会会议、钢铁行业低碳工作推进委员会2023年年会暨钢铁工业绿色低碳技术交流会、第十七届中国—东盟钢铁交流会、2023 新型低碳冶金现代产业链共链行动暨钢铁产业互联网大会，以及 COP28 联合国第 28 届气候变化大会“钢铁标准原则：解锁脱碳、贸易和全球市场”发布会等，介绍及推广 EPD 平台。

图 2 2023 年 10 月 18 日，在由欧冶云商承办的 2023 新型低碳冶金现代产业链共链行动暨钢铁产业互联网大会上，22 份 EPD 集中发布，3 份新品类 PCR 全球首发。

7. 数据安全

平台以数据安全和用户隐私保护为责任担当，通过数据清单梳理、分级分类管控、数据流程管控、验证过程管控等多措并举的方式，有效保障用户权益。

8. 国际交流

推进 EPD 平台与国际对等平台的互认，以帮助国内钢铁企业应对下游行业用户提出的 EPD 需求。平台已与日本一般社团法人可持续经营推进机构（SuMPO）EPD 平台建立沟通，并达成签订谅解备忘录（MoU）的意向，与丹麦碳管理平台（Quantified Impacts ApS）达成签署合作意向。

另外与意大利、瑞典、澳大利亚、德国、美国、奥地利及爱尔兰等国家的 EPD 平台进行了沟通和交流，旨在建立长期的合作和发展机制。

9. 应对碳贸易壁垒

EPD 平台形成了帮助企业应对欧盟碳边境调节机制（Carbon Border Adjustment Mechanism，CBAM）等碳贸易壁垒的能力。在帮助企业完成 EPD 开发的同时，平台技术团队深入研究了当前有效的 CBAM 计算规则，已具备为用户提供 CBAM 报告的能力。

三、可持续采购与供应链管理

（一）钢铁行业 EPD 平台在低碳发展中的应用与价值

1. 钢铁行业 EPD 平台是行业主动应对“气候壁垒”的重要举措

气候变化与经济、减贫、健康、生态环境甚至安全等领域的全球性挑战交织在一起，严重威胁全人类的生存和发展。应对气候变化，必须切实采取行动。按照国际公认标准建立的 EPD 平台，以公开、透明、基于程序为原则，向全社会提供科学、可验证的钢铁产品环境信息披露，主动应对国际贸易中潜在的“气候壁垒”。未来，钢铁行业 EPD 平台将加快与欧美 EPD 平台的结果互认进程，更好满足钢铁行业的国际贸易需求。

2. 钢铁行业 EPD 平台向全社会彰显了我国钢铁行业的责任、使命和担当

钢铁行业 EPD 平台的建成体现了钢铁行业在践行新发展理念，积极贯彻落实国家双碳战略方面作出的积极努力。它是我国钢铁行业自己的平台，也将是我国工业领域环境绩效信息披露的权威平台。钢铁行业作为打造产品环境披露平台的创新者和推动低碳发展的坚守者，将为建设低碳中国持续贡献钢铁的力量。

3. 钢铁行业 EPD 平台将有助于推进工艺流程极致能效提升，促进重大工艺技术创新

钢铁行业 EPD 平台在满足建筑、交通、能源、桥梁等重点行业对钢铁产品全生命周期评价需求的同时，也对钢铁行业的低碳发展起到了积极的推动作用。通过 EPD，钢铁行业自身能够完整、清晰、准确地掌握钢铁产品全生命周期的环境绩效信息，从而有的放矢地开展钢铁产品的绿色设计，研发高强、耐蚀、低环境负荷的绿色钢铁新产品，推进钢铁制造工艺流程的极致能效提升，推动重大工艺技术创新，用优质低碳的钢铁产品助力下游行业实现绿色低碳升级转型。

（二）钢铁企业 EPD 应用成功案例

案例一：鞍钢股份 EPD 得到广泛应用

近年来，鞍钢集团有限公司（以下简称“鞍钢”）坚持走绿色低碳发展之路，积极推动各子企业在 EPD 平台上发布 EPD 报告。截至 2024 年 3 月底，鞍钢 EPD 平台上发布了 13 份 EPD 报告，分别是鞍钢股份有限公司（以下简称“鞍钢股份”）汽车用冷硬钢带、汽车用连续退火冷轧钢带、汽车用热轧钢带、汽车用罩式退火冷轧钢带、本钢板材热镀锌 IF 钢、热轧酸洗钢带、冷轧钢板及钢带，鞍钢矿业鞍千矿业铁精矿、弓长岭铁精矿和齐大山铁精矿，攀钢集团有限公司汽车用冷轧钢带、热镀铝锌钢带、钢轨 EPD 报告。多份 EPD 报告的发布，展示了鞍钢在碳减排方面取得的阶段性成果，彰显了鞍钢推动绿色低碳高质量发展的使命担当，对擦亮绿色鞍钢品牌，促进国家、行业节能减排和降低环境影响意义重大。

自 2023 年 10 月起，鞍钢股份陆续将发布的 EPD 提供给了华晨宝马汽车有限公司、上汽大众汽车有限公司、广汽丰田汽车有限公司、东风日产乘用车公司、中国第一汽车集团有限公司、比亚迪股份有限公司、

奇瑞汽车股份有限公司、安徽江淮汽车集团股份有限公司、延锋国际有限公司等，展示了未来能够为客户创造的绿色价值。

上述企业在收到 EPD 报告后，均主动提出交流需求，鞍钢股份借此机会展示了其在产品碳足迹、低碳工艺路径优化、绿色产品设计方面的规划以及取得的成果，实现了供应商与客户之间针对“碳”信息的有效沟通。鞍钢股份根据汽车钢产品 EPD 报告，进一步明确了影响汽车钢产品碳排放的关键环节，制定了低碳排放钢产品生产工艺路径，并开展了工业化试验，取得了较好效果，为低碳排放钢产品供货奠定了良好基础。

华晨宝马汽车有限公司、比亚迪股份有限公司在了解鞍钢股份汽车钢 EPD 以及低碳排放钢产品生产规划后均开始少量订货，鞍钢股份根据客户需求，分别采用短流程和长流程工艺生产数千吨低碳排放钢产品交付客户，满足了客户在碳减排及出口方面的需求，也实现了鞍钢股份低碳排放钢产品的商业化。奇瑞汽车股份有限公司、安徽江淮汽车集团股份有限公司主动邀请鞍钢股份汽车钢营销中心交流双碳工作经验，汽车钢营销中心作为供应商与客户间的重要纽带，在低碳发展方面建言献策，受到客户的一致好评。

案例二：酒钢将 EPD 标签附于产品标签

酒泉钢铁集团有限公司（以下简称“酒钢”）始终坚持和践行绿色发展理念，把绿色、低碳、循环理念融入发展全过程，协同推进降碳、减污、扩绿、增长。近年来，酒钢在绿色发展方面的成果斐然，编制了《绿色发展体系建设方案》，建立了《碳达峰碳中和实施方案》长效推进保障机制，构建起“绿色能源 + 绿色制造 + 绿色金融”体系，实现产品全生命周期碳减排管理。

2022 年 9 月，酒钢与欧冶云商签订了《环境产品声明服务协议》，确定了奥氏体不锈钢冷轧钢板及钢带、马氏体不锈钢冷轧钢板及钢带、双相不锈钢冷轧钢板及钢带、铁素体不锈钢冷轧钢板及钢带、连续热浸镀锌系列合金镀层钢板这 5 类产品开展 EPD 发布。经过各方的共同努力，完成了这 5 类产品 LCA 评价和第三方独立认证。

开展 EPD 认证既是酒钢进一步开拓国际市场、扩大国际合作、融入国际绿色贸易体系的重要途径，也是完整、准确掌握钢铁产品全生命周期环境绩效信息、深入开展钢铁产品绿色设计的重要举措。目前，酒钢 5 类产品包装上均附有 EPD 标签。

除以上案例外，EPD 已经逐渐成为钢厂披露自身环境绩效的主要方式。首钢、山钢将发布的冷轧、热轧及镀锌产品 EPD 用于汽车制造企业供应商审核、配合主机厂建立碳排放信息库以支持其出口车型等多种场景中；包头钢铁（集团）有限责任公司（以下简称“包头钢铁”）、抚顺新钢铁有限责任公司、中南股份、酒钢等企业将 EPD 用于中石油、中建、中交、中铁建等企业的重大工程项目中，满足下游行业获取钢铁产品环境绩效信息的需求；华菱湘钢等企业将建筑用钢 EPD 应用于海外工程项目招标等。

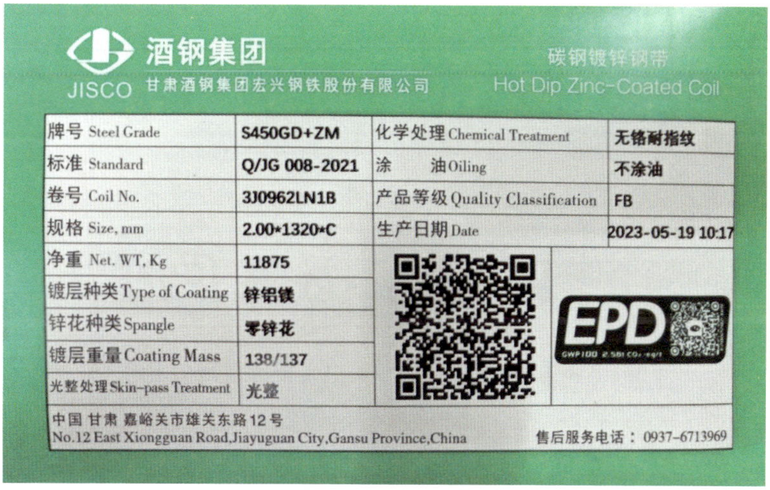

图 3　EPD 标签附于酒钢镀锌钢带产品标签上

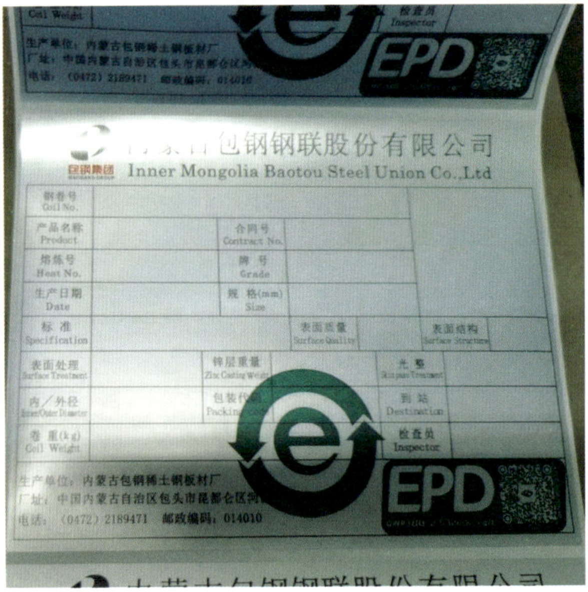

图 4　包钢产品标牌上预印制的 EPD 标签

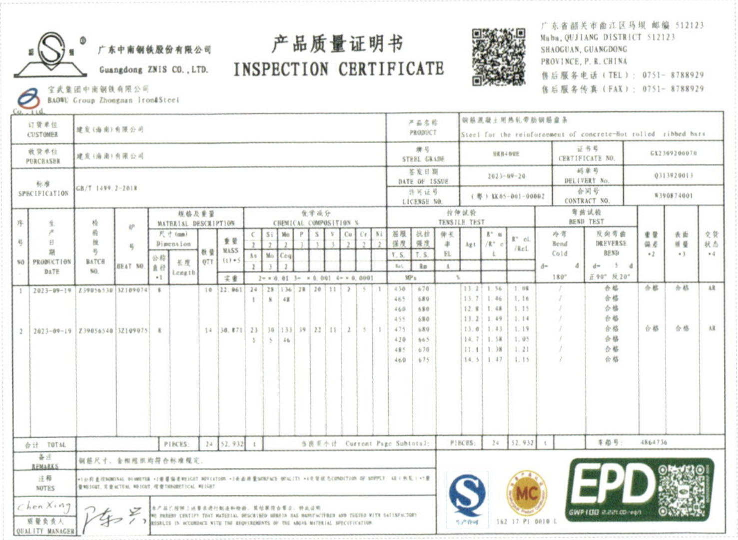

图 5　中南钢铁产品质量证明书上印制的 EPD 标签

EPD 标签在 2022 年 11 月 8 日钢铁产业互联网大会上发布后，在钢铁行业内得到广泛应用。目前 EPD 标签线下应用方面，包头钢铁冷轧与钢筋产品、酒钢热镀锌与不锈钢产品、中南股份钢筋与厚钢板产品、晋南钢铁型钢、钢筋与盘条产品已在质保书、实物标牌等处应用 EPD 标签。

（三）产品种类规则（PCR）开发

为了建立标准统一的 LCA 评价体系，保证 LCA 结果的可信度与可比性，ISO14025 提出了产品种类规则 PCR 的概念和基本要求。这是开发 EPD 必须满足的一套具体的规则、要求和指南。

EPD 平台围绕促进钢铁产业链的绿色低碳转型的远景目标，在科学量化钢铁产品环境绩效信息的基础上，不断把产品种类规则的覆盖向钢铁产业链上下游延伸，致力于推动钢铁产业链的绿色低碳转型。目前，EPD 平台已成功开发了部分与钢铁产品密切相关的重要原辅料及产业链服务的产品种类规则。EPD 平台于 2022 年发布《普通钢铁产品及特殊钢产品种类规则》《天然和加工铁矿石产品种类规则》；2023 年发布了《钢铁冶炼用熔剂矿产品种类规则》《（汽车用）特殊钢产品种类规则》《金属废料回收服务产品种类规则》《货物运输服务产品种类规则》《镁及镁合金产品种类规则》《空气分离气体产品种类规则》；2024 年，EPD 平台发布了《建筑用钢及钢结构制品产品种类规则》。另外，“煤炭和焦炭”“铁合金”“金属粉末”“金属线材制品”“铝及铝合金”等重要产品的 PCR 正在开发过程中。

四、供应链数字化与创新技术应用

为了支持钢铁行业 LCA 计算和研究工作，平台已着手开发 LCA 工具和构建钢铁行业 LCA 数据库。目前已完成 LCA 工具系统管理开发和实现 LCA 工序计算基本功能，收集和整理了超过 1000 条生命周期单元过程数据集，包括原材料和能源消耗数据、运输数据、废物处理数据等。此外，还整合了各种可靠的环境指标和影响因素数据，以确保 LCA 计算和评估准确可靠。数据库包括以下内容：

原材料数据：收集了各种原材料的能耗和排放数据，包括长短流程钢厂主要原材料及其生产过程中的环境影响。

工艺和工序数据：收集了不同工艺过程的工序能耗和排放数据，已梳理整理 15 家钢厂的背景和核心工序数据，完成烧结、焙烧、球团、焦化、炼铁、炼钢、连铸、轧制等环节的数据整理工作，并基于通用数据库格式考虑数据入库的格式等事项，以便在 LCA 评估中使用。

运输数据：收集整合了钢厂原辅料主要运输方式的数据，包括海运、公路、铁路和河运等，以评估钢厂原辅料运输阶段的碳足迹。

数据库创新点主要有以下两个方面：

（一）遵循 GPI 和 PCR 原则，充分吸收国内 LCA 专家建议、结合国内钢铁行业工艺技术特点，开发了以钢铁业为核心，具有较高扩展性的 LCA 计算工具。

（二）初步形成国内钢铁行业首个 LCA/LCI 数据库。

1. 结合国际、国家和钢铁行业标准，建立了适合我国钢铁行业的本地化 LCA 数据库：

◇ 涵盖我国钢铁主要原料、能源、运输的 LCA 数据；

◇ 涵盖温室气体以及主要污染物；

◇ 按技术、规模和工艺种类细分，代表国内钢铁主要生产工艺。

2. 在钢铁产品 LCA 研究方面，通过平台本地化部署 LCA 数据库，可改变用户 LCA 研究依赖国外商业数据库的现状。

3. 数据库开发和研究成果初显，已申报发明专利 2 个，提交国际期刊论文 1 篇。

五、合作伙伴关系与共同发展

（一）推动企业 LCA 研究能力提升，优化制造工艺

1. EPD 的开发有助于推动企业对产品 LCA 的研究，培养专业人才队伍，提升 LCA 研究能力。

2. LCA 研究有助于发现各工艺流程的排放“热点”，企业可以通过定量和定性分析有针对性地加以改进和优化，减少排放和废弃物，降低生产成本，提高产品质量，并满足政府和社会对环境的要求和期望。

3. LCA 研究可以使 EPD 持有者了解产业链各环节的环境影响，并与供应商和客户合作，共同推进低碳产业链建设，推动产业链整体降碳。

（二）推动产业链绿色低碳高质量发展

通过 EPD 平台展示钢铁产品的环境绩效，产业链企业可以了解钢铁产品的环境绩效，共同推动绿色低碳产业链形成。此外，钢铁行业 EPD 平台通过加强政府与行业协会的合作，支撑行业的政策支持和法规制定，推进钢铁行业的高质量发展。

六、总结与未来展望

“工欲善其事，必先利其器。”LCA 是当前测量产品环境绩效的公认工具，而 EPD 是产品 LCA 结果的输出载体之一。

EPD 的总体目标是通过提供相关且经第三方独立验证的技术文件，满足 EPD 持有者各种环境信息沟通的需要。EPD 的另一个重要用途，是为用户采购提供与环境影响相关的信息。EPD 还可反映产品和服务在一段时间内的环境绩效改善成效，并可在产业链上实现相关环境信息的有

效传递。

EPD 可帮助持有者获得竞争优势、成为更好的供应商、实施绿色营销策略、改善产业链管理、支持环境管理体系建设、可对产品进行基准测试以及帮助 EPD 持有者获得市场知名度。

钢铁行业 EPD 平台发布的 EPD 已获得国外下游用户的认可，成为企业进入特定市场的“通行证”。目前，更多的下游企业正寻求与平台的合作，开发新的产品种类规则，帮助其产品更好地满足各利益相关方的需求。

与此同时，相关 EPD 持有者正在以发布 EPD 为契机，形成其自身的环境绩效管理能力，特别是形成开展 LCA 研究的能力，为企业有序应对各类绿色贸易壁垒的挑战做好充分的准备。

图 6　2023 年 EPD 平台集中签约仪式

“道虽迩，不行不至；事虽小，不为不成。道阻且长，行则将至。”钢铁行业 EPD 平台将始终坚持绿色低碳，推动行业变革，彰显社会责任担当，为促进经济社会可持续发展作出贡献。

未来，在各利益相关方的支持下，钢铁行业 EPD 平台将在继续深耕钢铁行业及其产业链的基础上，把平台打造成全社会参与、政府支持、用户认可、市场采信、国际公认的权威性平台，与此同时，将服务和产品的覆盖范围向所有相关领域延伸，力争建成具有国际影响力的中国 EPD 平台。

企业简介

欧冶云商股份有限公司成立于 2015 年 2 月，是中国宝武集团有限公司以全新商业模式建立的第三方产业互联网科技平台，也是中国宝武从制造向服务转型的旗舰公司和钢铁生态圈承载主体。欧冶云商依托钢铁产业互联网服务平台，深化互联网、物联网、区块链、大数据、互联互通等数字科技应用，加强智慧交易、智慧物流、智慧营销、智能风控、碳足迹追寻服务模式创新，有效链接生态圈各方资源，全面提升供应链效率、保障供应链安全稳定、重塑供应链信用体系，有效增强用户体验、创造服务新价值，促进钢铁行业从制造向服务转型、重塑钢铁流通领域新秩序，构筑更具活力的大宗商品共享服务生态圈，通过供应链“五流合一”综合服务和产业互联网平台科技赋能，以实际行动推进产业标准体系建设，提升平台化、智慧化和生态化服务能力。

欧冶云商积极践行国家数字经济发展战略，体系能力持续提升，平台价值不断突显，已经成为引领行业发展的生态化共享服务平台。欧冶云商创新性推进钢材在线交易、物流配送、剪切加工、跨境电商、闲废物资循环利用以及环境产品声明碳数据等服务，深化供应链领域技术研发和应用，持续提升平台智慧服务能力，为实体经济高质量发展和传统产业数字化转型赋能。

钢铁行业 EPD 平台是由中钢协发起并组织、欧冶云商建设并运维的公益性平台，于 2022 年 5 月 19 日首发上线，是中国首个权威、具有公信力的 EPD 平台。平台建立了相关管理制度，建设上线了中英文网站。截至 2024 年 3 月 31 日，平台已有注册用户 3762 个，包括商务部上海市经信委、山西省发改委、吉林省发改委、包头市发改委、生态环境部对外合作与交流中心等政府机构及事业单位；中国宝武、鞍钢、本钢、河钢、首钢等大部分重点钢铁企业；东方航空、红旗、一汽、二汽、上汽大众、三菱、沃尔沃、斯凯孚、舍弗勒、海尔、博世中国、中国建筑等下游用户；清华大学、上海交大、复旦大学、东北大学、中科院、中国汽车技术研究中心、中国汽车工程研究院、中国电子信息产业发展研究院、中国标准化研究院、上海电器科学研究所等高校及研究机构；以及南德认证检测有限公司、通标标准技术服务有限公司、中国质量认证中心等国内外认证及专业咨询机构等。

上海电气

行稳致远
倡导绿色发展

上海电气集团股份有限公司是全球领先的工业级绿色智能系统解决方案提供商。以实现自身的双碳目标为基础，上海电气通过积极推进产业结构优化升级，充分挖掘自身在能源与工业领域系统解决方案优势，发挥电气链主的作用，将绿色低碳的解决方案向供应链上下游延伸，助力全产业链及行业用户实现绿色低碳转型发展。

一、上海电气的碳中和目标及战略

能源与工业是实现碳达峰碳中和的“主战场”，作为世界级综合性装备制造企业，上海电气集团股份有限公司（以下简称“上海电气”）以实现自身双碳目标为基础，积极推进产业结构优化升级，充分挖掘自身在能源与工业领域系统解决方案的优势，助力行业客户实现绿色低碳转型发展。上海电气将旗下企业自身的双碳目标与实现集团产业结构优化升级相结合，发挥电气链主企业的作用，将绿色低碳的解决方案向供应链上下游延伸，针对不同碳排放范围明确不同工作重点，并施以针对性举措，取得扎实的工作实效。

上海电气碳达峰碳中和发展目标：确保 2030 年前碳达峰，力争 2035 年前实现自身运营碳中和、2055 年前实现全价值链碳中和。

（一）碳达峰目标

2025 年：单位生产总值综合能耗比 2020 年下降 15%；单位生产总值二氧化碳排放比 2020 年下降 18%；战略性新兴产业营收比重不低于 30%；低碳与数字化方案赋能供应链企业不少于 100 家；实现集团内重点排放单位排放监测数字化。

2030 年：单位生产总值二氧化碳排放比 2005 年下降 70%；实现集团内规模以上企业排放监测数字化全覆盖；低碳与数字化方案赋能供应链企业不少于 500 家；确保 2030 年前实现碳达峰。

（二）碳中和目标

2035 年：低碳与数字化方案赋能供应链企业不少于 1 千家，力争实现自身运营碳中和。

2055 年：力争实现全价值链碳中和。

图 1 上海电气“碳达峰碳中和”发展目标

（三）“1234”实施体系

1 个目标：确保 2030 年前实现碳达峰目标。

2 大应用场景：

新型电力系统：为助力构建新型电力系统，上海电气近年来聚焦发展“风光储氢”等新能源产业，在各领域部署解决方案，自主研发各类型产品。

零碳产业园区：双碳目标下，产业园区的低碳转型迫在眉睫。2023 年，上海电气和十余家生态合作伙伴强强联手，在“首届上海国际碳中和技术、产品与成果博览会”现场对外宣布，将合作制定《零碳产业园区实施路径规划与评估》标准，助力产业园区的低碳转型。

3 条路径：

能源替代：上海电气坚持“安全降碳”和“深度脱碳”并举，大力开展“风光水火储”多能互补及“源网荷储氢”一体化业务多点布局，增加新能源消纳能力，以推动用新能源替代化石能源的变革，构建以新能源为主体的新型电力系统。在传统火电领域，上海电气所提供的主装备系统不断刷新全球最低煤耗指标。

能效提升：在驱动业务领域，上海电气依托核心装备优势，为电力、冶金、石化、建材等行业提供系统的能效提升改造服务；在轨道交通领域，大幅度提高轨道交通使用效率；在智慧楼宇领域，上海三菱电梯的智慧电梯能量回馈装置，将减少“碳足迹”体现在每次升降过程中；在新能源汽车领域提供从低碳工业厂房设计、锂电及整车装配智能产线，以及新能源汽车热管理系统等在内的全产业链服务，助力“低碳交通”进程。

资源循环：上海电气拥有烟气治理、水处理、固废处理核心工艺设计及系统装备能力，为产业园区循环化发展提供系统解决方案。此外，上海电气将二氧化碳捕捉技术与绿色氢能有效结合，积极推动二氧化碳加绿氢制甲醇等示范项目实施，为实现原料用能的绿色化和“深度降碳”提供了可行的实施路径。

4个平台：

双碳战略平台：建立集团层面的双碳战略中心，规划设计集团未来5—10年双碳战略与路径，为集团决策提供依托。

碳科技平台：基于能源与工业两大系统解决方案能力，为客户提供碳咨询、碳核算、碳交易、碳认证及碳资产管理服务，赋能行业客户。

产业创新平台：打造工业驱动产业创新中心、“风光优储”产业创新中心、“风光绿化”产业创新中心。

产业资本平台：以“产业资本”平台激活“产学研投孵”创新生态链，有效利用外部创新、创业资源，形成内外部协同联动机制。

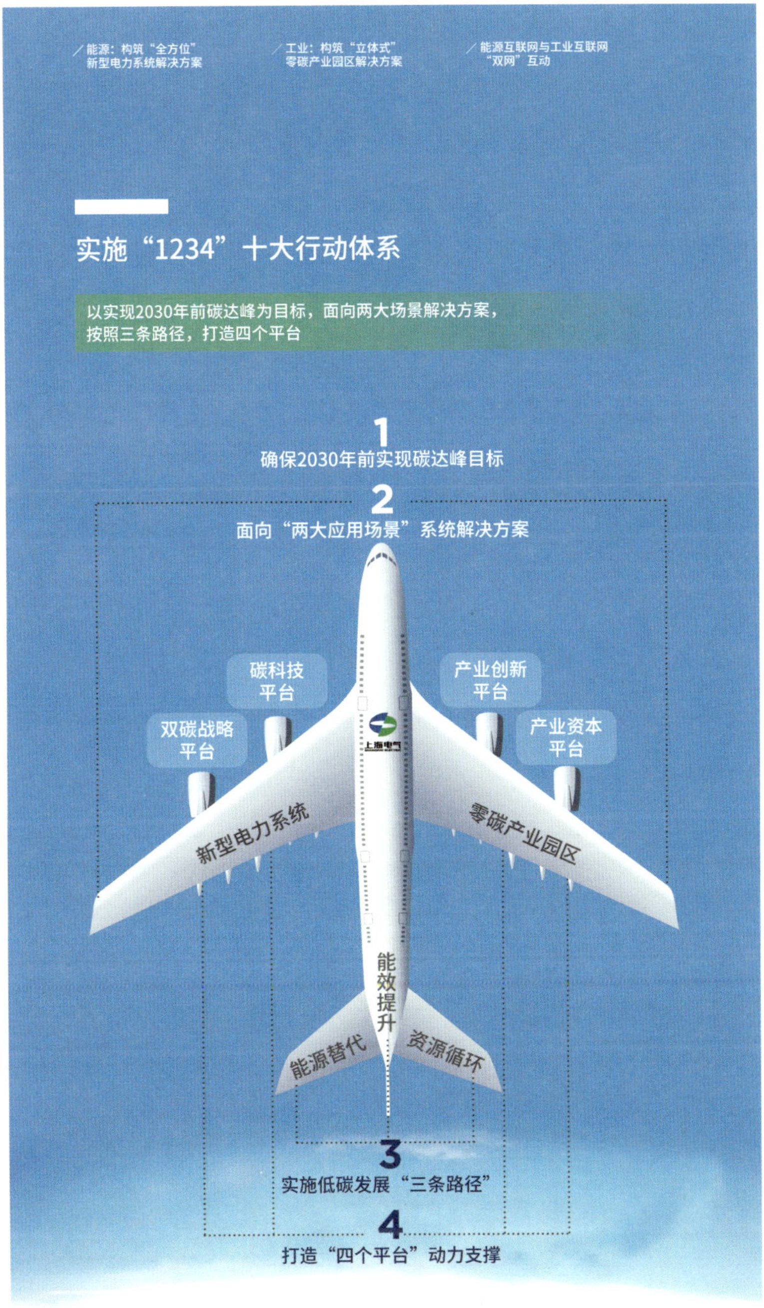

图 2　上海电气“1234”实施体系

二、供应链碳中和实践——能耗双控，低碳发展

上海电气认真贯彻绿水青山就是金山银山的理念，站在人与自然和谐共生的高度谋划发展。进一步深化绿色发展理念，推动绿色低碳发展，促进工业转型升级，为实现双碳目标不断贡献力量；进一步深化节能减排，提升资源利用效率和绿色制造水平，走高质量、可持续发展之路。

（一）节能减耗

在国家双碳战略目标背景下，上海电气积极响应并深化落实集团能源管理工作。上海电气严格遵循《中华人民共和国节约能源法》《工业节能管理办法》等所在运营地的行业节能法律法规及标准，不断挖掘节能潜力，并依据上海市经济和信息化委员会的要求对重点用能单位开展节能诊断和能源审计工作，督促企业完善节能管理框架，推进依法节能的自我约束机制。

上海锅炉厂	上海电气汽轮机厂	上核公司

图 3　上海电气下属企业 ISO50001 能源管理体系认证证书

上海电气构建了“集团本部—产业集团—企业”三级工作体系，稳步推进集团节能增效工作。集团负责统筹协调能源管理工作，在各产业集团和重点企业建立企业能源管理中心，对企业能源消耗及能耗强度进行监督和管理。同时，各产业集团持续推进能源管理体系的建立、实施及认证工作。截至 2023 年末，上海电气下属 3 家公司已取得 ISO50001 能源管理体系认证。

上海电气下属产业集团积极开展能源技改项目，包括淘汰老旧机电设备、老旧炉窑改造、生产工艺优化、空调系统更新等，进一步提升能源利用效率，促进节能减排。上海电气还致力于优化能源结构，推广绿色电力使用。2023 年，新增屋顶光伏 17MW，光伏发电量总计达 1132 万千瓦时。截至 2023 年底，累计安装屋顶光伏 73MW。通过以上举措，上海电气 2023 年节能量达 3234 吨标煤，对应减排 8409 吨二氧化碳。

应国家和上海市要求，上海电气积极开展碳管理工作。对于纳入上海市碳排放配额管理的企业，严格按照上海市生态环境局要求每年编制碳排放报告，保证碳排放清缴量与年度配额相匹配并接受第三方碳排放核查。2023 年，组织申报了上海市经济和信息化委员会工业通信业碳管理试点项目，集团旗下 6 家企业入选上海市 2023 年度碳管理试点名单，3 家参股企业获评“上海市零碳创建标杆企业”。

表 1 上海电气集团旗下入选上海市 2023 年度碳管理试点企业

序号	入选碳管理试点企业	试点名称	申报领域
1	上海电气集团数字科技有限公司	基于“星云智汇”的能碳双控数字化平台	数字化碳管理平台
2	上海电气集团智慧能源科技有限公司	智慧碳大脑系统	数字化碳管理平台

续表

3	上海三菱电梯有限公司	基于全生命周期评价的电梯产品碳足迹认证	产品碳足迹
4	上海华普电缆有限公司	上海华普电缆有限公司 PP 电缆及交联聚乙烯电缆的产品碳足迹	产品碳足迹
5	上海电器股份有限公司人民电器厂	基于生命周期评价的 RMM3 系列塑料外壳式断路产品碳足迹评价	产品碳足迹
6	上海西门子高压开关有限公司	“高压绿链”供应链碳管理	供应链碳管理

表 2 获评“上海市零碳创建标杆企业”参股企业

序号	企业名称	零碳创建标杆企业类型	所属电气产业集团
1	上海施耐德配电电器有限公司	零碳工厂	输配电集团
2	上海西门子开关有限公司	零碳工厂	输配电集团
3	上海 ABB 电机有限公司	零碳工厂	机电股份

集团还加强数字化管理，搭建了能碳双控数字化平台，进一步提升企业碳管理水平。目前集团有两家企业，上海电气数字科技有限公司与上海电气集团智慧能源科技有限公司，进入上海市绿色低碳服务机构遴选名单。

案例一：电气数科打造能碳双控数字化平台

2023 年，电气数科打造的“基于‘星云智汇’的能碳双控数字化平台”作为数字化碳管理平台试点项目，入选上海市经济和信息化委员会《上海市 2023 年度第一批工业通信业碳管理试点名单》。以“数字能源”版图为依托，以“易碳科技”平台为支撑，分为“基础”“控能”“控碳”“对外”四大业务领域，主要功能包含综合能源配置规划、综合能源运行仿真、能源生产管理、能源消费管理、综合能源调度、数字孪生、购售电管理及虚拟电厂。

在技术创新方面，平台融合了容器化与虚拟机的虚拟化技术，提取能源负荷特征的场景缩减技术，构建领域驱动统一语言的工程制图设计；在功能创新方面，具备综合能源规划仿真的数字化交付功能、含梯级利用的多能源规划仿真功能，以及可配置的碳排放组织边界合并功能。

截至2023年末，能碳双控平台提供的绿色低碳服务已在国网冀北“零碳仓库”、盐城智慧能源大数据区域平台及电气风电汕头“零碳园区”等多个项目中成功落地，利用数字化技术助力实现低碳、零碳目标。

案例二：上海电气汽轮机厂“节能先锋”示范项目

为践行绿色低碳发展，上海电气在行业内发起了“节能先锋计划”，并在上海电气汽轮机厂率先完成“节能先锋”示范项目的落地实施。

该项目为分布式光伏项目建设项目，分为屋顶光伏发电系统和车棚发电系统两部分，总装机容量为1554.7kWp，采用“自发自用，余电上网”的并网方式，不仅降低了企业外购电力，节约了用电成本，同时光伏作为绿色电能，减少了企业的温室气体排放。此外，该项目还配套安装了“上海电气能碳双控数字化平台”，全方位服务于工厂的能效分析管理、碳排放核算管理、新能源微电网系统的实时监测。

该项目将数字化技术与新能源发展相结合，建成后预计每年节约用电成本400余万元，减少二氧化碳排放6千余吨。

（二）包材管理

上海电气持续加强包装材料管理，不断探索包装材料在使用性能、消耗减量、循环利用等方面的可能性。2023年，上海三菱电梯从环保、运能等角度出发，将电梯包装木箱换为可回收木材，助力低碳运营。同时，上海电气与包材供应商建立了紧密的合作关系，通过定期反馈与沟通，力求最大程度使用质量高且环境影响较低的包装材料。

案例一：西门子开关携手供应商，助力包材减量化

2023年，西门子开关与供应商紧密合作，采取一系列举措，致力于减少包装材料的使用，助力低碳运营。采取的具体措施如下：

1. 对来自不同供应商的各类原材料包装进行统计和分类，选择主要原材料包装进行改善；

2. 基于原材料的可循环性、环保程度及健康影响，制定原材料环保选择标准；

3. 审核塑料废弃物的管理执行情况，并对新供应商可重复利用材料进行可行性评估；

4. 将环保策略宣传至全供应链，推动可持续供应链建设。

经统计，实施以上举措可减少纸箱及泡沫36吨/年、塑料废弃物0.3吨/年，减少资源浪费。

（三）生物多样性保护

随着第28届联合国气候变化大会（COP28）的召开及美丽中国建设的推进，保护生物多样性的重要性日益显现。中国重视生物多样性保护工作，制定《中华人民共和国国民经济和社会发展第十四个五年规划和2035年远景目标纲要》《中国生物多样性保护战略与行动计划》等国家战略，要求全面提升生物多样性治理水平，加强生物多样性保护。

作为业务遍及世界多地的全球化企业，上海电气持续推动运营地及项目开展地区生态平衡与生物多样性保护工作，开展上海电气生物多样性日宣传活动，为实现人与自然和谐共生的愿景不断努力。

案例一：上海电气迪拜光热项目致力于生物多样性保护

上海电气迪拜光热项目地处迪拜 Al Marmoom 野生动物保护区，保护区内的主要物种为阿拉伯大羚羊、阿拉伯瞪羚以及阿拉伯沙瞪羚。

为保护当地生物多样性，减少对生态环境的影响，项目组采取了以下措施：

在项目建设前，建立保护生物多样性专项制度，识别项目周边的环境敏感受体，并对敏感物种的关键栖息地进行评估。同时，将项目所在地的近200棵加夫树，以及阿拉伯大羚羊、阿拉伯瞪羚和阿拉伯沙瞪羚转移至项目厂界外的合适栖息地，在转移前记录下各个物种的性别和数量，确保转移过程中没有物种数目损失，并在转移后每季度定期对转移的物种进行监测跟踪，统计物种转移的成功率。

在项目建设中，项目通过场地围栏和路径限制施工和作业范围。安排每日站班，提高所有员工对项目所在地及周边生物栖息地重要性的认知。维护项目周边的阿拉伯羚羊和瞪羚饲养站，并建立适当数量的新饲养站，以保障这些珍稀动物的生活空间与迁徙路径等。为了避免物种入侵，项目只使用所在地原生植被进行景观设计。

三、可持续采购与供应链管理——勠力同心，深化务实合作

上海电气以高标准规范供应商管理，打造供应链数智化平台，引领供应链可持续发展。以“协同共生，集中共赢”理念为指导，坚持责任采购，不断完善供应商管理，搭建数智化供应链平台，致力于打造可持续供应链，增强供应链韧性。

（一）供应管理，提升价值

上海电气严格遵守《中华人民共和国合同法》《中华人民共和国招标投标法》《中华人民共和国产品质量法》《中华人民共和国价格法》等国家法律法规，修订完善现有《上海电气采购管理》《上海电气集中

采购管理》《国际采购及供方管理方案》《采购定价方式管理》等管理制度和规定，进一步优化集团供应链管理制度体系。

供应商管理方面，上海电气对供应商进行严格的准入资格审查，要求供应商遵守上海电气集团《供应商行为准则》，强化供应商准入和过程监管。基于体系认证与产品认证，利用自动对接风险雷达的自注册系统和第三方风险系统，第一时间获取风险信息，持续提升供应商风险管控。通过整合供应商入口，统筹各供应商信息，加强供应商管理与监督。对存在负面情况的供应商，如失信违约、法律纠纷、环保处罚等，一律不予合作。

上海电气优化供应商日常监督和履约动态考评机制，加大违约处理力度。对供应商履约情况等进行跟踪检查和监督，将绿色低碳相关指标纳入供应商考核评价体系，通过过程绩效反馈机制，对不合格的供应商提出通报、警告、暂停或停止合作，加大对违约供应商惩戒力度。

（二）打造可持续供应链

上海电气坚持打造可持续供应链，将绿色发展理念贯穿供应链管理全环节。上海电气在《供应商行为准则》中对企业 ESG 方面绩效提出了明确的要求。上海电气鼓励所有供应商签订《安全生产环境和保护管理协议》，并对供应商实行全面的安环评审。集团在日常管理工作中定期对供应商资质、近三年来的安环绩效、安全生产标准化程度、安环违法违规及事故事件、其他涉及安全生产条例的相关事项开展全面评审和认证。上海电气优先选择践行可持续发展理念的供应商，推进绿色供应链采购体系建设。上海电气旗下上海三菱电梯有限公司已在供应商准入与绩效中加入碳排放相关要求，建议供应商使用更低碳的生产方式提供产品。

上海电气积极引导供应商加强依法经营，遵守商业道德，履行社会责任，要求供应商遵守反商业贿赂有关政策规定，对供应商进行必要的尽职调查。为加强采购领域党风廉政建设，预防采购活动中可能发生的各种谋取不正当利益的违纪违法行为，上海电气实施《采购合同》《廉政协议》“双合同”同步签订机制，要求全部供应商在订立合同时必须签订《廉政协议》，并在条款中明确各类责任及强有力的惩戒措施，规范供应商行为，降低采购合规风险。

上海电气已将供应链廉洁管理纳入供应商生命周期管理（SRM）平台，实现对所有供应商的贪污、失信和重大经营风险信息的抓取与追踪，并通过供应商生命周期平台实时公示供应商负面清单。2023 年，基于 SRM 平台信息，上海电气供应商未发生贪污事件。

供应商 ESG 要求包括但不限于：

1. 不容忍或从事任何形式的贪污贿赂行为；
2. 尊重员工的基本人权，提供平等的机会与待遇；
3. 禁止强迫劳工与童工；
4. 采取措施控制安全风险；
5. 提供健康与安全相关培训；
6. 严格按照环境法定标准与国际标准行事；
7. 推进绿色低碳工作，持续改善环境保护措施。

（三）交流与提升

上海电气下属企业针对不同供应商的类型和需求，与供应商建立有效交流和沟通机制，加强信息、技术、资源互通，致力于与供应商建立长期合作伙伴关系，促进协同共进、和谐共赢。

供应商大会

- 在供应商大会上，面谈表现优劣之处，同时对技术发展规划、采购管理要求进行宣贯

共性问题讨论会

- 不定期地针对共性问题，如拓展新兴市场、拓展服务市场等召开供货商讨论会

辅导与培训

- 通过专项质量辅导、培训等工作帮助供货商提升质量管理能力

集中采购业务交流

- 前往供应商聚集地区开展集中采购业务交流

客户需求反馈

- 定期进行业主质量访问，同时把业主对产品的需求信息带给供货商，帮助供货商提高产品质量和改进方向

图 4　上海电气供应商交流渠道

四、循环经济与废弃物管理——规范排放，清洁高效

上海电气坚持精准科学治污，确保合规达标排放，全面提升环境治理综合效能。严格遵循《中华人民共和国大气污染防治法》《中华人民共和国水污染防治法》《中华人民共和国固体废弃物污染环境防治法》等污染物排放相关法律法规及标准，制定了《环境监测管理》《清洁生产和清洁生产审核实施细则》《固体废弃物管理实施细则》等相关管理制度，规范污染物管理，确保污染物合规达标排放。

2023 年，上海电气持续深化企业重点污染治理，抓实污染防治全过程管控，通过治理设施升级改造和工艺优化等措施减少污染物排放，推动清洁生产。为明确污染物治理任务和目标，编制了《2023 年企业重点环境治理项目任务表》，并通过年度安环责任书及 EHS 专项整治行动方案压实企业重点治理项目落实，同时实施月度跟踪及年度考核机制，持

续监督相关企业重点项目实施情况。

（一）废水管理：

1. 废水经处理满足排放的标准要求后排放；

2. 建设污水处理池及废水处理设施，更新废水排放在线监测系统，确保废水稳定达标排放；

3. 实施截污纳管水污染处理工程，集中处理污水；

4. 推进重金属表面处理药剂替代方案落地、完成乳化液废水减量化等项目，减少废水排放；

5. 完成固废堆场“三防”治理，杜绝含油废水渗漏。

（二）废气管理：

1. 废气经收集和处理达标后在高空排放；

2. 安装废气在线监测设备等措施，确保达标排放；

3. 通过技术改造将部分企业和车间无组织排放改造成有组织排放；

4. 通过环保设备改进升级、推进油性漆及清洗剂替代技术应用等项目，从源头减少挥发性有机物 VOCs 废气排放；

5. 深挖企业工业炉窑大气污染综合治理潜能，减少废气排放。

（三）废弃物管理：

1. 委托有资质的环保公司进行危险废弃物处理，可再利用的一般工业固体废弃物由企业再回用，其余委托第三方机构处置；

2. 通过治理设施提升改造，提高燃料燃烧效率等措施减少固体废弃物；

3. 积极推行危废产品替代，如使用专门清洁液代替汽油、丙酮等清洗机器表面，最大限度地降低危废的产生。

（四）其他污染物管理：

1. 加装除尘喷雾防止扬尘逸散；

2. 加装减震防噪设施措施降低噪声污染。

截至 2023 年底，上海电气共完成企业重点治理项目 25 项，减排效果显著。废气污染物减排方面，减排挥发性有机物（VOCs）29.18 吨、二氧化硫（SO_2）0.55 吨、氮氧化物 4.35 吨、颗粒物 30.51 吨；废水污染物减排方面，减排化学需氧量（COD）3.77 吨、氨氮 0.043 吨；固废减排方面，减排一般工业固废 1343.33 吨、危险废物 76 吨。

2023 年，上海电气重点强化危险废物合法合规处置过程管控，推动沪内 58 家企业应用了集团危废处置共享服务平台，从源头杜绝了企业因危废处置不合规导致处罚的风险。

案例一：上海三菱电梯实行材料回收复用

上海三菱电梯将导轨改切的材料回收，作为 T 型连接板进行再利用，可以达到 50%—60% 的再次利用率，结合封闭型空轨的设计改进、原材料价格低点锁定等多项措施，在进一步提升材料利用率，减少固体废弃物的产生与排放，节约资源的同时，实现整体导轨相比 2022 年采购降本额为 8500 万左右。

五、上海电气供应链数字化与创新技术应用

（一）供应商管理信息化（SRM）平台

顺应数字化转型，上海电气持续优化供应商管理信息化（SRM）平台，推广先进的管理思想和标准化的采购流程，升级采购与供应商管理机制，促进资源、技术、信息的融合共享，实现采购环节的降本增效。

上海电气 SRM 平台包含供应商生命周期模块、招标寻源模块、订单

协调模块及电子商场模块，打通了供应链上下游，完善了供应商管理体系，实现供需精准对接匹配，提高管理效率并实现数字化赋能。

2023 年，上海电气继续升级 SRM 平台，完善平台功能，扩大集团采购管理的覆盖范围，提升在线采购额，进一步推进采购的合规与透明。

（二）践行绿色办公

上海电气积极响应国家可持续发展号召，大力倡导并践行绿色办公理念。通过高效务实的管理措施及潜移默化的理念传递，引导全体员工形成节能环保的办公与生活意识，构建环境友好型企业。

同时，为提升员工整体的环境保护意识，上海电气不定期地组织相关宣贯活动，将绿色办公理念深植于每位员工的日常工作之中。具体措施：

1. 鼓励员工减少开车次数，尽量乘坐公共交通和骑自行车等；

2. 优先采购、使用绿色环保办公产品，减少污染源排放与能耗使用；

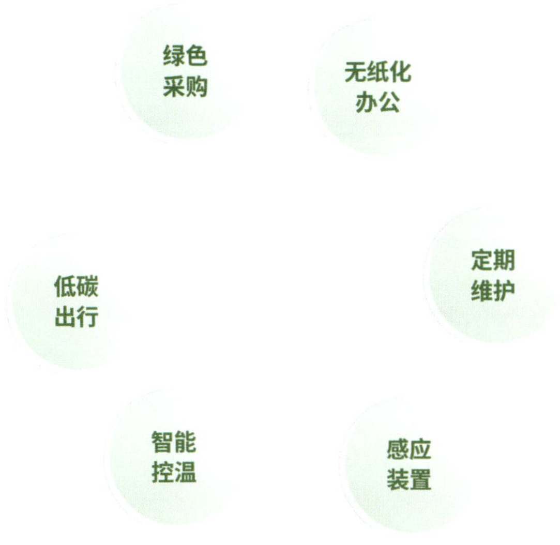

图 5　上海电气绿色办公理念

3. 公司内部公共区域采用自动感应照明系统；

4. 合理改造更新并定期维护保养办公室使用设备，延长设备使用寿命；

5. 公司办公区域采用双层窗户、节能窗帘，控制中央空调温度，冬天适当降低或夏天适当提高室内温度来减少能源消耗；

6. 推广使用无纸化办公模式，打造涵盖会议通知、接待方案、回执反馈、签到、会议纪要、评审等在内的会议全生命周期自动化管理系统。

案例一：电气数科打造“桴联”一体化管理平台

“桴联”一体化管理平台通过数字化和智能化手段，将日常运营工作与数字化应用有机串联在一起，助力企业提升运营管理水平，赋能企业高质量可持续发展。

在降低运营能耗方面，该平台通过构建智能化的空间管理策略，实现自助式空间运营管理，如自动调整窗帘升降、自动感知空间人员并控制空调和新风系统等，深入优化空间运行节能策略，提升资源使用效率；在提升运营能力方面，通过串联访客通行、工作协同等模块形成场景化的应用，实现会议接待质量显著提升，并通过对空间设备一步式操作、一站式管理、一体化运维、自主告警及快速响应定位，大幅提升运营及

图 6　“桴联”智慧办公空间

运维管理效率，为企业达成双碳目标提供有力支持。

电气数科的办公区应用“桴联”的数智办公空间，以主动式节能策略助力绿色低碳，荣获了 WELL 全球认证最高级别铂金级认证。

六、供应链社会责任与员工福祉——爱护环境，完善管理

（一）管理模式

响应国家环保政策，加强集团管控力度，完善环境管理体系，夯实环境保护项目，实现安环工作的靶向施治，提升全集团环境风险防范能力。

上海电气基于体系建设，深入剖析 EHS 管理体系在产业集团和生产性企业的实际运行状况，详细总结企业在实施 SEC-LOVE 模式和 EHS 管理体系过程中积累的典型经验，同时也识别并反思不足，旨在进一步优化和提升管理体系，打造安全绿色生产文化。

S：持续推动、强调企业社会责任的践行；
E：着重加强职业健康、环境保护、消防集团管控，关注应急能力提升；
C：强化信息化、智能化、数字化要求，纳入非生产性企业标准化安全管理要求。

L：提高主要责任人安全素质，通过领导力建设和安全文化促进整体安环水平提升；
O：关注普遍责任，优化全员责任制，强化横向协同；
V：建立多类型、多模式督查机制，以责任要求和风险特点实施更有效督查；
E：优化完善绩效考核与激励机制，推进以发展目标为主的愿景建设。

图 7 SEC-LOVE 模式

同时，上海电气下属企业按照体系要求按时开展环境管理体系认证工作。截至 2023 年底，共有 98 家下属企业获得了 ISO14001 环境管理体系认证。

在 EHS 管理体系评估方面，制定了《上海电气 EHS 管理体系评审指标》，针对产业集团和生产性企业提出符合不同层级生产经营特征、过程指标与结果指标并重的 EHS 管理评估指标体系，形成上下贯通的体系运行评估和评审机制。此外，持续以 SEC-LOVE 优化成果为依托，进一步推进 SEC-LOVE 运行要素与企业安环管理制度和运行指标的融合与对接。

（二）风险管控

上海电气建立了集权与分权相结合的安环风险管控机制，形成集团总部、产业集团、基层单位三级监管网络架构，持续推动安环风险辨识与隐患排查治理双重预防机制。同时，持续加强环保技术、设备、工艺、培训等领域投入，以最大程度防范环境污染风险。2023 年，上海电气的环保总投资逾七千万元。

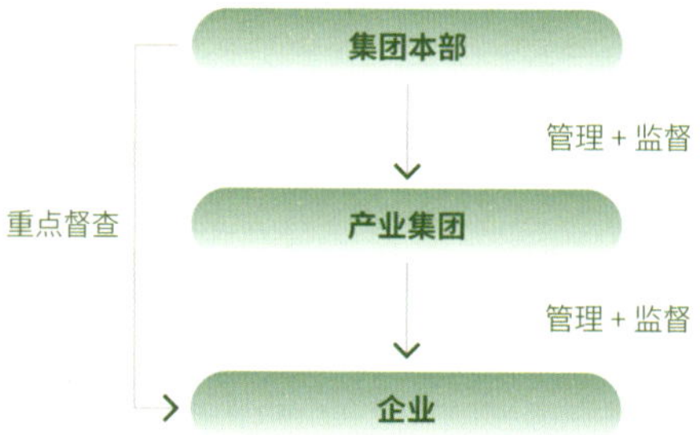

图 8　上海电气三级监管网络架构

2023 年，上海电气以安环风险布控为核心，守牢传统产业风险关口，把控产业发展中的新业态、新重点、新问题，不断加强安环风险防范能力建设，强化风险措施落地。持续落实重点企业、重点安环风险部位管理督查，企业科学有效地开展安环风险辨识和管控，深化组织实施园区企业安环专项督查及培训。报告期内，积极开展《上海电气工程项目安环风险管理标准化指引模板》宣标和贯标工作，持续进行工程项目安全环境风险管控体系运行检验评价工作，进一步提升工程项目安环管控水平。另外，上海电气开展了企业《环境风险管控措施及指导手册》专项培训，指导企业科学、客观、动态化地辨识、评估和管控环境风险。

此外，上海电气加快推动安环风险应急反应能力建设，建立集团、产业集团、企业三个维度的环境应急体系，并督促产业集团建立常态化的园区企业环保管理及联动响应机制。2023 年企业及园区共开展环境应急演练 123 次。鼓励企业加快绿色工艺应用，如研究应用重金属表面处理药剂、油性漆及清洗剂替代技术方案等，从源头上降低环境污染风险。

安环风险培训之外，上海电气持续做好环境培训工作，从上至下提升环保意识及专业技能，营造良好的环境保护文化。2023 年，面向产业集团主要领导及分管领导、企业党政主要负责人及分管领导、职能部门主要领导、环境部门负责人、环境管理人员等开展了环保培训，涵盖了 EHS 相关法律法规、集团 EHS 体系及管理运行要求、上海电气环境风险管控等内容。为了进一步加强 EHS 人才培养，上海电气特别开设 EHS 经理提升班，旨在为培养对象提供系统的知识巩固和素质提升机会，建立起一支专业、高效的 EHS 队伍，为上海电气的可持续发展提供坚实的保障。

2023 年，上海电气的环保培训总投入为 218.9 万元，共计开展 605 场环保培训，培训时长达 15481.5 小时，覆盖 53735 人次。

（三）管理目标

上海电气每年编制《安全生产、环境保护工作责任书》并制定年度安环管理目标，并制定《安全生产环境保护方针目标与指标管理》《安全生产环境保护绩效评价考核》等制度作为目标管理和考核的依据。上海电气安环委会办公室负责对签约企业（部门）进行年度安环工作履职践诺考核，考核结果将纳入每年对企业主要负责人的绩效考核中。

为促进年度安环管理目标的实现，上海电气以事故和问题为导向，持续优化督导督查模式。采用内外联合检查督查模式，打造内部工作团队、外部专家团队和集团督查团队，实施业内专家与外部专家并重，强化“第三只眼”看现场、看管理、看问题、看整改；同时，进一步强化“回头看”，对部分 EHS 管理比较薄弱的企业落实的整改措施进行再检查，对给出的评价结果进行再评估，以问题零容忍、隐患治理全关闭的态度对待检查出的所有不符合项。

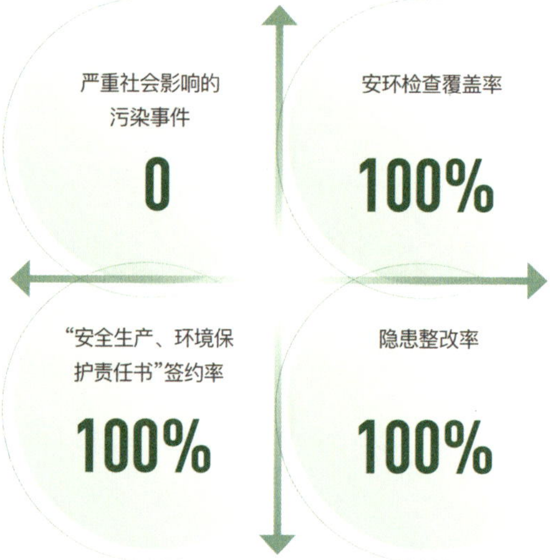

图 9　年度安环管理目标

此外，上海电气切实强化新进及沪外企业 EHS 监管，建立健全沪外企业 EHS 管理“一企一档”。在监督层面，确保与市内企业享有同等的检查标准、改进机制与提升要求；在管理层面，确保各项要求传达到位、行动步调一致、措施执行落地；在模式层面，构建标杆企业与基础企业间的“一对一”助力提高，线上远程督导与线下现场督查的“双直线”并举，集团本部、产业集团及企业风险治理的“三联动”格局。

七、合作伙伴关系与共同发展——携手并进，和合共生

紧抓发展契机，整合与共享创新技术资源，在合作中寻求双生双赢，以包容的心态、广阔的战略视野，共迎发展繁荣景象。

（一）政企合作

上海电气持续深化开放合作战略，发挥自身在研发制造中的优势，提供不同场景量身定制化方案与服务，与各级政府进行持续有效地沟通，建立深度开放的战略性合作，打造资源共享、优势互补、协同发展合作新模式。

案例一：人民电器厂携手八家单位联合成立“静安区智慧楼宇数联标准化联盟”

2023 年 11 月，人民电器厂携手八家单位联合成立“静安区智慧楼宇数联标准化联盟”，旨在将“智慧化楼宇”改造转变成“智慧楼宇”的过程中，应用数字化手段对其包括绿色环保、自动化集成、物业管理和融入“智慧城市”四个维度的转型整合不同行业、不同专业的人才，以优势互补、互惠互利、共谋发展为原则，以系统科学为基础，加强各方在智慧楼宇数字化领域的协作，提高标准化能力，推动智慧楼宇数字化相关产业发展和创新。

案例二：上海电气智慧城市中标杨浦滨江智慧管理平台

2023 年 4 月，凭借在城市数智化领域的技术优势，上海电气智慧城市信息科技有限公司成功中标上海市杨浦区智慧管理平台项目，该项目的成功中标进一步深化了区企合作，为杨浦打造人民城市示范区建设注入了新动力。

智慧管理平台以保障及改善民生为出发点和落脚点，包含基础建设

及应用建设两个项目，依托滨江城市运行管理中心建立实景化场景管理体系，为平台提供数据基础支撑和对外赋能能力。平台聚焦滨江建设规划、公共空间管理、楼宇协同治理等，对滨江区域监控、应急资源进行整合统筹管理，并结合实战需求拓展业务场景，大力推进群防群治应急处置力量建设，最大限度降低突发事件危害，旨在建设维护社会治安稳定的坚强防线，推动实现城市治理的现代化、智能化和精细化，为杨浦区践行人民城市理念、争创人民城市建设示范区打下坚实基础。

案例三：为地方绿色能源转型提供能化共轨解决方案

2023 年 6 月，上海电气新能源公司与洮南市人民政府签署关于风电耦合生物质制绿色甲醇一体化项目战略合作协议。该项目将风能资源转化为电能，通过电解水制氢和生物质气化耦合绿氢制绿色甲醇，项目建成后，有望在一定程度上减少秸秆焚烧造成的环境污染，成为当地实现新能源自发自用、轻度并网、就地消纳的“绿色新能源＋绿色化工”产业链项目。

作为吉林省单体容量最大的绿色甲醇项目，也是目前东北地区首个生物质气化制绿色甲醇项目，该项目将助力吉林省“一主六双”高质量发展落地、赋能吉林省西部“陆上风光三峡”建设。

（二）校企联合

上海电气始终贯彻实施科教兴国战略和人才强国战略，通过深化校企合作，推动产学研深度融合，双向发力，同向同行，共同聚焦先进制造、清洁能源、绿色低碳等领域，打造战略科技力量的聚集地和科技创新人才的培养地。

案例一：上海电气核电集团与清华大学联合项目荣获“2023 年上海产学研合作优秀项目特等奖”

2024年2月，“2023年上海产学研合作优秀项目奖”正式揭晓。由上海电气核电集团与清华大学联合申报的《600MW高温气冷堆主设备研发及产业化》项目在几十个项目中脱颖而出，荣获2023年上海产学研合作优秀项目特等奖。

上海电气核电集团与清华大学的高温气冷堆合作已有多年，2018年6月，双方针对600MW高温气冷堆核岛主设备开展适用于批量化生产的制造技术和装备的研究，通过合作加深设计与制造的融合，促进600MW高温气冷堆工程的顺利建设。2019—2023年期间，双方合作不断加深，在200MW高温气冷堆产品制造经验的基础上，为清华核研院配套提供的中间换热器螺旋管束换热试验件等关键试验验证设备，加快了高温气冷堆理论研究和设备优化改进工作的进程。

通过与清华大学多年的产学研合作经历，上海电气核电集团更加坚定了开放创新促进产业协同发展的信心，通过设计与制造深度融合，共同推进我国核电产业安全高效发展。

案例二：上海电气和上海交通大学联合培养燃机工程硕博人才

2023年12月，上海交通大学—上海电气集团工程硕博士培养改革专项航空发动机与燃气轮机领域导师见面会在上海电气汽轮机厂举行。双方有着长期的合作历史，航空发动机和燃气轮机领域工程硕博士培养改革专项是校企双方深入开展工程人才培养和科研合作的良好平台。该联合改革专项将结合人才需求，发挥企业的资源优势，聚焦人才培养，服务国家需求，为国家、行业和企业不断输送优秀人才。

案例三：上海电气和华东理工大学签署战略合作协议

2023年8月，上海电气和华东理工大学正式签署战略合作框架协议。这也是自2022年10月双方签订人才培养合作协议后的再度“牵手”。

双方充分发挥上海电气在产业、市场和技术方面的优势，结合华东理工大学在理论研究、技术研发和人才培养等方面特长，聚焦高效清洁能源、绿色化工、氢能综合利用、低碳环保等重点产业领域，共同引领技术创新，推动科技成果转化和产业化落地。同时，双方还将以项目为依托，共建创新合作平台，探索培养一批能源、化工、新材料领域领军技术人才，推动产学研深度融合发展，加快培育企业发展新动能，为提升企业国际竞争力和影响力提供有力支撑。

（三）技术共创

上海电气积极探索行业先进技术在传统能源升级、新能源领域等方面的深度发展，秉持开放合作的心态，在促进资源共享和技术交流的同时，持续提升自身竞争力，成为推进科技发展的创新源头和动力引擎。

案例一：上海电气高层赴德国西门子能源共谋绿色低碳合作新空间

2023 年 7 月，上海电气赴德国西门子能源股份公司参访交流，深入了解西门子能源产业发展、研发实力以及高效的生产组织管理模式等情况。双方围绕产业深化合作、协同创新，共同推动能源低碳高质量转型发展等方面深入交换意见。双方将进一步深化技术合作与人才交流，拓宽“开放之门”，创新合作模式，携手面对未来的发展理念、技术创新、产品组合、解决方案的转变，共同构筑能源未来，致力于实现去碳化的可持续未来。

案例二：上海电气和中国核动力研究设计院共谋核能产业链合作新空间

2023 年 9 月，中国核动力研究设计院到访上海电气，双方就深化核能产业合作，共谋创新合作领域进行深入交流。未来，双方将不断拓展合作领域，依托上海电气高端装备的技术能力和核动力院在核技术相关领域的科研优势，着力推进产业链延伸，在医疗检测、放疗产品等周边业务领域深化合作，以互利共赢的理念携手取得更多的合作成果。

案例三：上海电气成为首批异质结技术产业化协同创新平台成员

2023 年，全国首个异质结技术产业化协同创新平台成立，上海电气恒羲光伏成为平台首批成员。上海电气恒羲光伏将与光伏产业链上下游企业、高校、科研院所联合起来在电池与组件、制造设备、上游原材料、钙钛矿叠层电池等环节进行产业链的协同创新，进而实现在研发、制造、应用、标准体系、金融等领域的协同，促进异质结技术与产业健康有序地快速发展。

（四）行业共举

上海电气充分发挥行业先进企业的带头作用，通过参与行业科技合作交流、探索新型合作模式、分享交流经验及发展趋势等，聚合多方智慧和力量，持续推动行业发展和技术进步。

案例一：上海电气和日本三菱电机株式会社谋求多领域深层次合作

2023 年 5 月，上海电气和日本三菱电机株式会社举行会谈。面对当下地缘政治博弈、气候变化、产业链供应链重塑、能源大宗商品价格剧烈波动等风险因素，希望双方坚持共商、共建、共享，巩固互联互通合作基础，围绕“绿色低碳”主题积极拓展更多业务范畴，在新能源、智能制造等领域通过双方不断地科技创新，推进产品提升和新产业进步，打造国际创新协同与产业合作，致力于绿色可持续发展和人类更美好的生活。

案例二：上海电气和中远海运合作打造世界级航运枢纽

2023 年 8 月，上海电气与中国远洋海运集团（以下简称“中远海运”）举行会谈，双方就拓展新能源产业合作深入交换意见。未来，双方将深化协同合作，抢抓绿色低碳清洁燃料新机遇，依托上海全球领先的国际航运中心区位优势，以上海电气的技术装备实力和中远海运的市场应用优势为基础，加快推动更多的绿色低碳应用项目落地，开拓航运合作新领域，为上海“十四五”时期打造世界级航运枢纽贡献更多力量。

案例三：上海电气和东方枢纽集团共谋“空铁一体化”超级工程

2023 年 8 月，上海东方枢纽投资建设发展集团有限公司来访上海电气，就深化合作交流、推进“东方枢纽”重大项目建设等议题深入交换意见。双方正在推进建设中的“东方枢纽”是全面落实长三角一体化发展战略、推进上海自贸区临港新片区建设的重大工程。

该项目计划新增年均 5 千人次的航空旅客吞吐能力，14 台 30 线枢纽车场规模，布局“5 条市域线 +2 条市区线 + 多条局域线”，对上海加快建设具有世界影响力的社会主义现代化国际大都市具有重要意义。

案例四：上海电气与中国华电持续深化战略合作

2023 年 12 月，中国华电集团有限公司（以下简称“中国华电”）来访上海电气，双方就进一步深化战略合作交换意见。上海电气表示，希望双方持续拓宽和加深战略合作，并将全面融入中国华电沙戈荒大型清洁能源基地的建设中，做好全方位的保障和服务。双方可通过建立合作平台深化研发应用，协同创新，进一步推动风光储氢等新能源领域的合作新空间，为双方高质量发展注入新动能。

案例五：上海电气与国家电投持续深化战略合作

2023 年 12 月，国家电力投资集团有限公司（以下简称“国家电投”）会见上海电气一行，双方就进一步推动低碳能源领域深化合作交换意见。国家电投与上海电气已有逾 70 多年的合作历史，合作渊源深厚，产业契合度高，是上海电气非常重要的战略合作伙伴。上海电气将发挥高端装备制造和丰富应用场景优势，在高质量履行现有合作项目的基础上，深化拓展新能源领域合作新空间。期待双方深化沟通机制建设，加强科技创新开放合作，以互利共赢的理念携手取得更多合作成果，为中国电力事业的蓬勃发展贡献力量。

案例六：上海电气与江森自控联合实验室揭牌

2023 年 11 月，上海电气和江森自控在第六届中国国际进口博览会共同见证《“碳 & 数”联合实验室战略合作协议》签约，并为实验室揭牌。联合实验室的成立将进一步深化双方在城市绿色低碳可持续发展的合作，服务国家双碳目标，深化绿色低碳领域合作，开启合作新篇章。

联合实验室以构建重大项目联合攻关、核心技术协同创新、成果资源互利分享三大平台为契机，打造双方开放合作新高地。双方可充分发挥互补优势，源荷双向协同，数智密切融合，加强合作对接，在城市、街区、园区、楼宇等场景促成更多合作项目，共同打造融合“电—冷—热—气”多能源的绿色低碳、智慧融合的综合解决方案和智能服务平台，携手树立更多绿色低碳转型标杆。同时，双方将积极服务国家绿色低碳转型，加快建设零碳工厂和零碳园区，优化绿色清洁能源供给保障，全面打造绿色低碳供应链体系，推动能源领域加快探索节能、降碳、增效的绿色发展之路，不断把绿色化、低碳化推向纵深。

（五）海外共建

上海电气顺应国家高水平对外开放大势，加快实施“走出去”战略，积极参与国际合作和全球市场竞争，着力优化全球产业布局，统筹推进海外蓄、变电站等输配电项目共建，拓展以光伏、风电为代表的新能源业务，服务全球经济社会可持续发展。

上海电气以投建营模式建设的巴基斯坦塔尔煤电一体化项目，是国家共建“一带一路”倡议在能源领域的重点项目，是中巴经济走廊一颗闪耀的能源明星。该项目包括 2 台 660MW 高参数超临界清洁能源项目和配套的年产780万吨露天煤矿项目。经过8年努力，项目于2023年2月5日已顺利投入商业运营。同时，上海电气由点到面推进国际化社区建设，联合巴基斯坦当地政府、民间机构开展企业社会责任及公益活动，从惠及周边村民植树、修路、创造就业机会，到传播中国文化，再到缔结中巴友谊，树立了上海电气良好的中国企业品牌形象。

在共建“一带一路”倡议的引领下，上海电气在承接海外工程项目的同时，也带动了一大批国内先进装备、绿色装备走向国际市场，如克罗地亚塞尼风场项目、马来西亚沙捞越州500kV超高压输电工程项目、巴基斯坦卡拉奇K-2/K-3核电项目、伊拉克华事德项目、孟加拉国一系列燃机改造项目、罗马尼亚帕劳光伏电站项目等。

案例一：上海电气承建马来西亚龙山光伏电站项目完成移交

2023年5月，由上海电气输配电工程成套有限公司承建的马来西亚龙山项目顺利完成移交工作。该项目包括350kW太阳能电站、500kW/1MWh储能电池和3台150kW柴油发电机及综合控制楼，由光伏和储能作为微电网系统主电源，实现不间断供电，柴油发动机作为后备电源，可无缝切换实现供电不停顿。上海电气凭借在新能源领域的专业与实力，为沙捞越州的发展贡献力量。

案例二：上海电气首个英国光伏项目顺利完工

上海电气英国布兰斯顿50兆瓦光伏项目是上海电气在英国首个建成投运的光伏EPC项目，项目地处英国中部林肯郡，是当地容量最大的光伏项目之一。2023年，该项目经过两年质保期考验，收到了最终移交证书及合同质保保函，是上海电气开拓英国光伏电力市场的重要里程碑节点，为后续在欧洲市场新能源EPC项目开展积累了宝贵经验。

案例三：智慧电力点亮乌兹别克斯坦“胜利之城”

扎法拉巴德220千伏变电站项目是乌兹别克斯坦首个数字化变电站，

是乌兹别克斯坦 2020—2023 年投资计划的重点项目之一，同时也是中乌“一带一路”合作的一大成果。

该变电站实现全站信息数字化、通讯平台网络化、信息共享标准化等功能，对改善乌兹别克斯坦东部地区电力供给有重要作用。作为总承包方，上海电气与当地电力设计院协同设计，提供数字化变电站的技术方案，应用中国方案的技术和设备，为当地提供完备的电力供应，解决周边居民用电难的问题。

八、总结与未来展望——争当实现双碳目标的排头兵

（一）数字赋能：打造双碳解决方案数字化支撑能力

以能源资源禀赋与工业发展需求为着力点，以“数字能源”版图为依托，提供区域级双碳实施路径规划方案。

以高耗能、出口导向型工业园区为重点，以“易碳科技”平台为支撑，为“零碳产业园区”创建提供路径规划建议。

（二）开放创新：积极对接战略客户，开展前瞻性协同创新

上海电气将携手能源与工业领域的合作伙伴共建“开放协同、合作共赢”的“零碳”生态。

（三）开拓新局：争当实现双碳目标的排头兵

上海电气将充分挖掘综合性高端装备产业优势，以打造“零碳大厦”持续为客户创造价值。

走过 120 年峥嵘岁月的上海电气，始终牢记“国之重器”的使命与担当，继续秉持“稳中求进、守正创新”的工作总基调，着力推进“产

业智能化、服务产业化”的双轮驱动，“能源互联网、工业互联网”的双网互动，全面落实新发展理念，于双碳绿色转型变局中开新局，致力于成为实现双碳目标的排头兵。

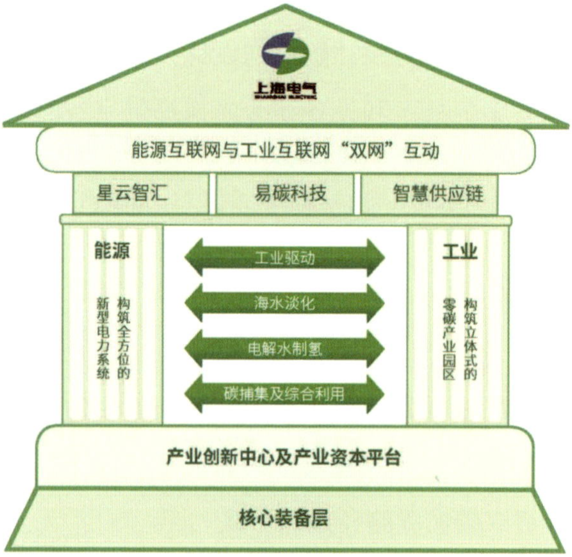

图 10 上海电气“零碳大厦”

上海电气以实现自身双碳目标为基础，以丰富的业务形态和创新技术为更多能源企业和工业企业提供绿色解决方案，助力其实现绿色低碳转型发展，建设美丽中国。

企业简介

上海电气集团股份有限公司是全球领先的工业级绿色智能系统解决方案提供商，专注于智慧能源、智能制造、数智集成三大业务领域，业务遍及全球。公司聚焦高端、智能、绿色的发展方向，以科技赋能推动中国及全球工业高质量发展，为人类美好生活创造绿色可持续价值。

作为中国动力工业的摇篮，上海电气有着 120 多年的历史，创造了中国和世界的众多第一，荣获中国工业大奖，品牌价值达 1725.81 亿元，位列中国机械行业榜首。在智慧能源领域，打造风光储氢多能互补和源网荷储一体化解决方案，构建遍布全球的“全方位”新型电力系统和“立体式”零碳产业园区；在智能制造领域，提供锂电产线、数字医疗、轨道交通及通用装备系统解决方案；在数智集成领域，以扎实的极限制造能力成为新能源汽车产业链、大飞机产业链、现代船舶产业链及数字化解决方案提供商。秉承“开放协同、合作共赢”的理念，上海电气携手 70 多家世界一流企业，协同全球客户、合作伙伴、员工等创造者，赋能全球创新与绿色可持续发展。

未来，上海电气将聚焦绿色低碳和数字化转型方向，布局新赛道，壮大新动能，争做实现双碳目标的排头兵、新能源装备的引领者、高端装备自主化的主力军，让创新的工业生态释放无限可能！

第二届 2024 SHANGHAI
INTERNATIONAL CARBON NEUTRALITY EXPO
GREEN AND LOW CARBON SUPPLY CHAINS CASEBOOK

上海国际碳中和博览会
绿色低碳供应链案例集

西门子中国

践行“1.5.0”战略 共创绿色未来

作为可持续发展领域的先行者、践行者与赋能者，西门子通过“数字化”和“低碳化”双轮驱动，在西门子全球“DEGREE”可持续发展框架指引下，践行“1.5.0”可持续发展战略，秉承“去碳化和能源效率”“资源效率和循环性”“以人为本和社会影响”的价值主张，以科技创新和跨领域知识与经验，实施“零碳先锋计划”，携手各方伙伴共创绿色生态，多项举措赋能供应商节能减碳，打造“端到端”的零碳产业链，共享、共创、共赢绿色未来。

一、西门子碳中和目标及战略

由世界资源研究所（WRI）与世界可持续发展工商理事会（WBCSD）合作发起的《温室气体核算体系》（*Greenhouse Gas Protocol*），是目前被广泛认可和使用的国际温室气体核算工具。该体系对企业的温室气体排放设定了三个“范围”：范围一指企业自身运营产生的直接排放；范围二包含企业外购电力或热能产生的间接排放；范围三指企业在范围二以外的其他所有间接排放，包括企业价值链上下游。由此可见，碳中和的实现要求企业在关注自身之外，更要“向外看”，与价值链上下游的伙伴合力而为。然而，当前范围三的碳排放核算仍面临着信息追溯与边界划分等难题，实现碳中和无疑是一件极其复杂的系统性工程，却也是行业领军企业在可持续发展道路上必须面对的硬核挑战。

（一）“DEGREE”可持续发展框架

2021年，西门子推出了“DEGREE”可持续发展框架，将企业ESG承诺提升到新的水平。“DEGREE”框架包含：去碳化（Decarbonization）、道德规范（Ethics）、治理（Governance）、资源效率（Resource Efficiency）、平等（Equity）和就业能力（Employability）六大可持续发展方向，并在环境、社会和治理方面分别设立了系统化、可衡量且具体长期的目标。

（二）“1.5.0”可持续发展战略

2022年是西门子进入中国市场的第150年，西门子（中国）有限公司（以下简称“西门子中国”）发布“1.5.0”可持续发展战略，以西门子全球“DEGREE”框架为“1个”战略指引；明确“5个”战略支柱（包括驱动自身运营可持续、加速发展可持续业务、赋能于人、践行多元平等包容，联动内外部利益相关者，共建可持续生态）；聚焦“零碳”，以“零碳先锋计划”作为战略重点，致力于成为可持续发展的先行者、践行者和赋能者。

（三）脱碳目标

在“DEGREE”框架下，西门子根据科学碳目标倡议要求（SBTi），公开承诺脱碳目标：在自身运营方面，西门子承诺至 2030 年实现自身运营净零排放（范围一和范围二）；在供应链减碳方面，西门子制定目标并承诺至 2030 年实现全球供应链碳减排 20%，2050 年实现供应链净零排放。同时，通过“零碳先锋计划”，西门子中国力争至 2025 年帮助超过 500 家重点供应商加速减碳。

二、供应链碳中和实践

为了进一步推动供应链的可持续发展，西门子供应链管理部门设立了清晰的可持续发展框架。一方面持续加强对供应商合规方面的引导和监督，建立以环境、社会及治理（ESG）为保障的供应链；另一方面在供应商可持续发展表现方面，以二氧化碳排放为重点，西门子设立了清晰的目标，多项举措赋能供应商节能减碳。

（一）供应商减排信息管理系统 CWA

经与第三方合作伙伴合作，西门子已建立覆盖全球供应商的减排信息管理系统（CWA）。通过对经济数据进行分析，并对每个供应商的碳足迹进行建模，显示供应商二氧化碳排放的主要来源，并就如何减少这些排放提供指导。目前，西门子全球已有4324家供应商分享了原始数据，有2038家供应商在2023财年加入并分享减碳计划。目前，根据供应商的反馈，这些供应商排放量平均减少了9%，相当于减少了46.4万吨二氧化碳当量。

（二）“绿色数字孪生”工具（Green Digital Twin™）

西门子开创性地推出了“绿色数字孪生”工具（Green Digital Twin™），基于特定产品的生产工艺分析以及原材料生命周期碳排放评价数据库，自下而上地计算出产品碳足迹。此外，该工具还能够模拟产品在设计、生产和物流等全产业链过程中所发生的变化，进而分析这些变化对于产品碳足迹的影响，这将极大地推动绿色产品和解决方案的研发。西门子也借助此工具帮助重点战略供应商提高产品碳足迹的透明度并提供减碳路径建议。

（三）供应商减碳举措

为了进一步赋能供应商，西门子还编制了供应商减碳手册，在提高能源效率、现场发电和供热、购买绿色电力、实施节能流程、减少差旅、优化物流以及应用再生和可回收材料七大领域，为供应商提供减碳指导和建议；持续开展“供应商可持续发展培训月”“供应商可持续发展日”等活动；在数字商业平台Xcelerator上发布供应商专属支持页面，面向三大重点行业供应商提供西门子领先的数字化和低碳化解决方案，数措并举，全面支持供应商的脱碳之旅。

（四）公司内部减碳举措

同时，供应链管理团队在公司范围内也积极开展了多个可持续发展项目。其中包括提倡绿色差旅，鼓励员工绿色出行；定制公司新能源电动车计划，确保公司完成2030年全部使用新能源电动车的EV100承诺；推进航空运输向铁路运输的物流转化；推广绿色包装的使用；提升IT设备和办公用品的碳足迹透明度并延长使用周期；以及推动西门子产品中循环材料的使用，等等。

（五）赋能下游客户减碳

2023财年，在全球范围内销售的西门子产品和解决方案帮助客户实现了共1.9亿吨“避免排放”(Avoided Emissions)，至2025年，西门子力争在中国帮助超过1万家客户实现节能减排增效。

三、可持续采购与供应链管理

基于联合国全球契约组织(UNGC)和西门子《商业行为准则》(BCG)，西门子制定了社会、环境和道德表现方面对供应商的标准——《西门子供应商和第三方中间商行为准则》（以下简称《供应商行为准则》），该准则涵盖了企业的可持续发展要求，为西门子的供应商规定了可持续发展的基本原则。

西门子的供应商管理流程包含严格的供应商选择和资格认证标准，可持续发展也于2022财年正式纳入供应商的评估及重点项目的采购决策过程。2022财年，西门子开始在供应链可持续发展平台上整合供应商的可持续发展信息，并将这些数据转换成积分的形式来评估供应商的可持续发展水平，从而有效地支持采购决策，并进一步纳入供应商管理流程中。

案例：上海西门子开关有限公司绿色供应链建设

上海西门子开关有限公司建立了完善的绿色供应链管理制度，利用西门子供应商减排信息管理系统指导供应商碳减排，同时通过与供应商合作，打造绿色供应链，于 2023 年荣获国家级绿色供应链管理示范企业。

绿色采购标准制度的具体措施有：建立《采购管理制度》《供应商管理程序》《供应物品的限制和申报物质清单》《供应商质量管理政策》《产品相关环境保护和物质声明》《西门子供应商及第三方中间人行为准则》等相关制度，并通过网络数据库 BOMcheck（www.BOMcheck.com）对供应商提供的物料进行严格管理。

供应商审核制度：根据《供应商的选择与批准管理程序》《供应商质量管理程序》《供应商现场审计管理程序》《供应商年度审核计划》等相关制度文件定期审核供应商。供应商减碳协议：2023 年底，主要供应商已完成减碳协议签署。

供应商培训：企业每季度对供应商开展培训，包括固废新规、风险防控、廉洁自律、安全生产、合规、供应商要求等不同方面，确保供应商充分理解和执行企业采购标准及供应商管理制度。供应商评估：建立完善的供应商绩效评估标准，并根据标准对供应商进行评价打分和分级管理，确保供应商符合企业绿色化要求。

四、循环经济与废弃物管理

西门子生态效益项目（Eco Efficiency @ Siemens）定义了西门子在改善环境管理方面的目标，包括推动实现循环经济和减物质化等。其中，“清洁供应链”旨在提高西门子使用再生材料的比例，并在 2030 年前减少使用限用物质。西门子在进行产品与包装的设计、生产、回收过程中遵循“符合生态设计理念”，即按照全生命周期的理念，在产品设计开发阶段系统考虑原材料选用、生产、销售、使用、回收、处理等各个环节对资源环境造成的影响，力求产品在全生命周期中最大限度降低资源消耗、尽可能少用或不用含有有毒有害物质的原材料，减少污染物产生和排放，从而实现环境保护的目标。

案例一：西门子产品生态设计与生产

西门子致力于至2030年达成相关产品实现100%生态设计的目标。西门子遵循国际标准化组织对产品环保的严格要求，开展了标准化的环境产品声明，并从各个环保性能维度展示产品的环境友好性。通过生态设计，全面评估产品的环保性，在产品的原材料选择、设计、制造、运输、使用和回收等全生命周期环节中，持续发掘改善环境友好性的机会。

在业务发展和可持续性方面，西门子不断探索和投入力量，致力于研发更多绿色环保低碳产品，为客户应对环境影响和业务挑战做好充分准备。

图1　西门子8DJH 12环保气体绝缘开关设备采用洁净空气为绝缘气体，减少SF6气体使用

表 1　西门子产品生态设计案例

产品	设计
西门子 8DJH 型开关	西门子中压开关技术（无锡）有限公司将原先填充 SF_6 作为绝缘气体的 8DJH 型开关升级改造成 8DJH 12 环保气体绝缘开关，减少了 SF_6 气体使用，使产品不含氟化物，安全无毒，全球变暖潜能值小于 1。
西门子 SENTRON 5S 系列小型断路器	产品可再生利用率大于 90%，材料和包装满足可重复使用性要求。
西门子 3V 系列塑壳断路器	产品可再生利用率不低于 70%，产品使用的材料和包装符合再利用的要求。
消防产品	借助领先的楼宇节能技术和方案优势，与供应商不断合作创新，在即将发布的某消防产品中应用二次循环材料，显著降低了碳排放，使产品更加绿色环保，同时保持了品质和性能。

案例二：西门子产品绿色低碳包装和运输

西门子与供应商合作不断优化方案，尽可能减少包装材料的使用，优化资源利用，降低碳排放。

2023 年，西门子楼宇产品部提供了几个经典的包装解决方案，通过创新的包装优化方案，替换了可回收材料，并减少了包装材料的使用，提高了资源利用效率的同时，实现了成本优化。

同时，西门子中压开关技术（无锡）有限公司也实施了一系列的可回收材料替代不可回收材料项目，比如将 8DJH CP 型产品的胶带固定包装升级替换为订书钉固定；将产品外包装纸箱的密封方式由胶带替换为无胶带纸箱设计；将绝缘柜的外包装胶合板升级替换为可回收利用的纸箱等，在大幅降低企业外购包装成本的基础上，使企业的生产更加洁净化。

此外，西门子工业自动化产品（成都）有限公司也大力推广绿色包装，如去包装化、去塑化以及使用可回收材料的包装材料等，其中，由

图 2　西门子中压开关技术（无锡）有限公司将纸箱密封方式由胶带替换为无胶带纸箱

于一次性包装材料的使用会导致大量废弃纸箱的产生，为此，工厂以可循环使用的 ESD 黑胶箱替代一次性纸箱，这不仅减轻了收货团队的工作负担，更显著减少了废弃物的产生，从源头上降低了材料消耗。黑胶箱的使用为工厂减少了每年 900 吨的二氧化碳排放，同时每年节省收货重包装 8000 工时以及供应商包装 5124 工时，该实践正逐渐推广至更多供应商，推动实现供应链的绿色转型。

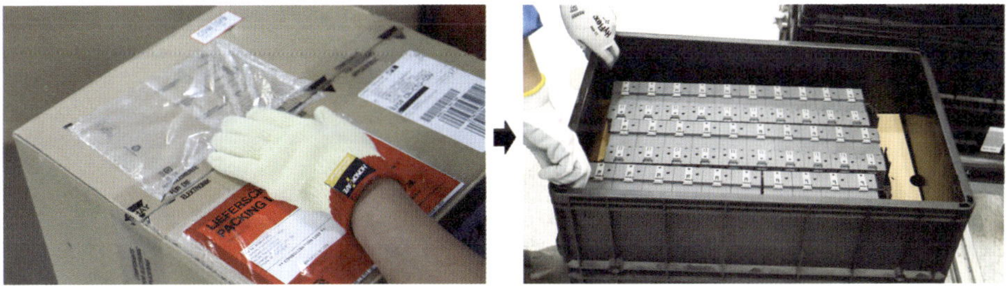

图 3　西门子工业自动化产品（成都）有限公司以黑胶箱替换一次性纸箱

案例三：西门子水资源循环利用项目

西门子环境、健康、安全（EHS）部门定期开展水风险评估，各运营公司、业务单元也积极实践水资源循环利用项目。

上海西门子开关有限公司使用市政管道蒸汽替代柴油锅炉作为冬季供暖，并在蒸汽供热设施管道设计时同时考虑蒸汽冷凝水回收利用，在蒸汽供热设施中管道端安装两个水箱，每小时最多回收 2 吨蒸汽冷凝水，然后敷设 160 米管道到公司食堂厨房，把 60℃冷凝水用于厨房卫生清洁，实现了冷凝水的再利用，也节省了用电消耗。经过再使用的冷凝水温度下降，在排放前省去了冷却步骤，每年可实现节约用水约 300 吨。

西门子数控（南京）有限公司通过雨水回收系统及节水型器具，每年节约用水 6286 吨。

西门子上海中心通过雨水回收，可节约用水约 10%。

图 4　西门子中压开关技术（无锡）有限公司建立循环系统，减少漂洗废液产生

西门子中压开关技术（无锡）有限公司优化生产工艺，建立循环系统，通过增水泵将漂洗废液抽入待过滤的水桶中，并进一步利用水循环净水设备使导电率降到标准值以下，实现约 50% 漂洗水的再次利用，一年可减少约 150 吨漂洗废液的产生。

案例四：西门子废弃物回收和循环利用

西门子按照国家环保相关法律法规，将废弃物区分为危险废弃物和非危险废弃物，建立了废弃物全流程管控机制，包括产生、收集、贮存、处置等过程，确保合法合规。危险废弃物全部交由有资质的第三方机构进行处置，并每年复核机构危废处理名录资质。截至目前，西门子在我国的所有生产现场均实现工业固废循环利用或资源化处理，并实现废弃物零填埋。在“Eco Efficiency @ Siemens”项目中，“高效的自身运营”倡导的便是提高材料回收利用率，减少废弃物产生量。

各运营公司均已实施了相应的措施以减少废弃物，以成都和无锡的两家运营公司为例：

西门子工业自动化产品（成都）有限公司与本地研发部门协同合作，通过优化印制电路板设计，提高印制电路板利用率并减少电路板边角废料的产生，每年可减少温室气体排放 1300 吨二氧化碳当量。

西门子中压开关技术（无锡）有限公司投入大量资金对六氟化硫充气阶段的气体回收装置进行改造升级，最大程度地减少了生产阶段六氟化硫气体的额外逸散，对比传统回收方式，现有装置极大地提高了回收效率，预计装置的升级每年可减少二氧化碳排放量约 1800 吨。

五、供应链数字化与创新技术应用

据统计，工业产品的碳排放超过 90% 产生于供应链。因此，对于西门子这样的科技公司而言，从供应链的视角进行产品碳足迹核算至关重要。只有这样才能更好地打造低碳环保的产品生态，以满足下游用户的绿色采购要求。

（一）自身供应链的碳排放管理

西门子不断研发创新数字化技术，除前文提到的覆盖全球供应商的减排信息管理系统（CWA）以及绿色数字孪生工具（Green Digital Twin™）之外，还提供 SiGREEN 等数字化解决方案，共创低碳环保生态。

案例一：西门子碳足迹可信精算与追溯解决方案

西门子碳足迹可信精算与追溯解决方案 SiGREEN，利用能源管理、工业边缘计算、数字孪生等创新技术和在生产制造领域的数字化经验与专业知识，以 ISO14067 等产品碳足迹国际标准为基准，精准量化工业产品在不同制造环节及贯穿供应链的动态碳足迹，真实可信、安全可验证、动态可度量。除了在西门子南京数字化工厂部署了 SiGREEN 之外，我们也帮助大同齿轮传动（昆山）股份有限公司和江阴华新精密科技股份有限公司等供应商伙伴部署了 SiGREEN 解决方案，科学精准核算碳足迹，加速企业绿色低碳高质量发展。

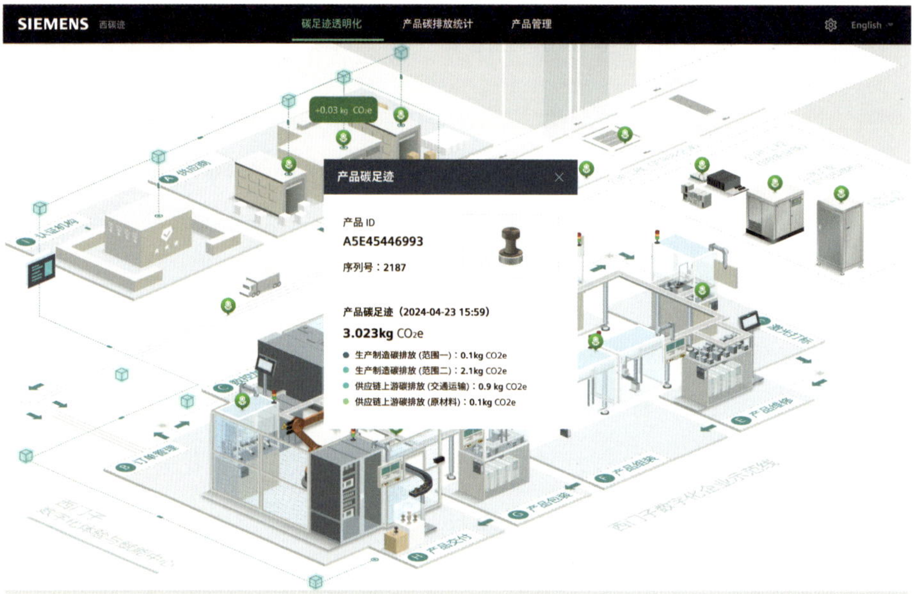

图 5　SiGREEN 助力西门子数字化印章产线产品碳足迹精准追溯

（二）赋能客户及其供应链

除了利用数字化技术对自身供应链碳排放进行管理和优化外，西门子还进一步为客户及其供应链提供可靠的数字化产品及组织碳排放数据，赋能客户及其供应链识别碳排放热点，释放减碳潜力。

案例一：汽车企业产品碳足迹数字化方案应用案例

汽车行业由于存在碳足迹核算流程长、数据量大、运算复杂等难点，面对逐步形成的碳贸易壁垒，供应链企业在如何精准、自动计算企业产品碳足迹上面临着困难和挑战。数字化技术的应用能够有效解决企业科学构建减碳战略路径及策略困难、缺乏产品级碳排放数据基础等痛点，例如某汽车企业的车侧围产品制造工厂通过与西门子公司合作，部署了产品碳足迹数字化解决方案，逐步推广全厂产品碳足迹可信精算与追溯：

◇ 精准高效自动化量化生产制造过程碳排放：依托边缘计算技术，从 Energy Manger Pro、MES 等工厂 IT 及 OT 系统自动采集产品相关碳排放数据并通过建模精准分解；

◇ 贯穿供应链的产品相关碳排放数据可信安全交换共享：在无须披露供应链敏感信息前提下，可实现供应商原材料的碳排放信息的安全可信交换及共享；

◇ 车侧围产品碳孪生：可视化呈现产品碳足迹旅程；多维度数据分析及可视化呈现，辅助产品碳排趋势变化监测，并为减碳路径规划及减碳策略制定提供数据支撑。

案例二：赋能化工行业脱碳

作为高能耗和高污染的重点行业，标准一致的核算方法、透明可信的价值链数据交互，以及上下游协同碳管理对化工行业脱碳显得尤为重要。企业碳管理开发数字化解决方案需要从价值链层面高效完成出海企业与其上下游及第三方核查机构的数据交互，在实现碳足迹透明化及价值链上下游之间的高效协作的同时，有效提升出海企业碳排放相关数据的真实性、准确性与综合认可度。

携手可持续发展（TfS）是由化工行业推动的一项行业领先的倡议，其中51家成员企业已与西门子等企业合作完成数字化碳足迹解决方案的全面部署，根据交互数据及自身碳排放情况建立气候中和价值链，通过高质量整合全价值链的碳排放，最大程度地推动和加速整个化工行业实现低碳转型。

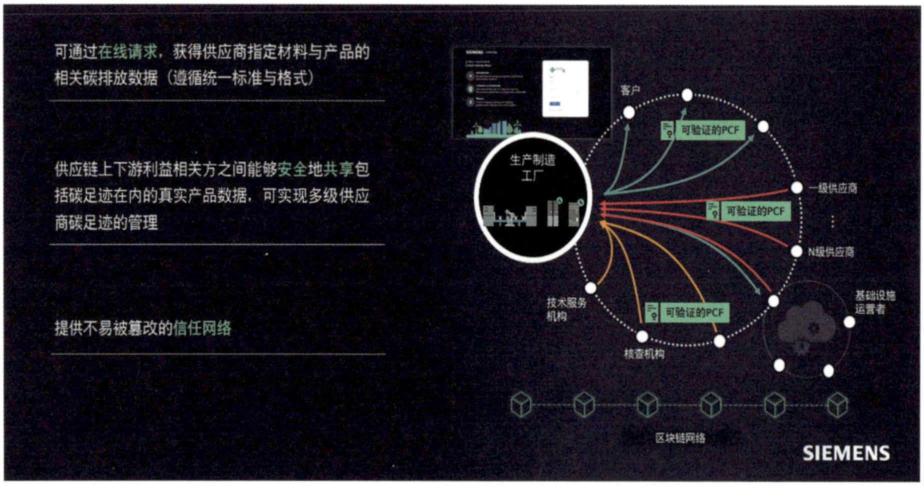

图6　供应链碳排放数据的安全可靠共享与协同生态

六、供应链社会责任与员工福祉

西门子在中国业务广泛，涉及工业、基础设施、交通、医疗、能源等领域，管理着将近万家供应商。如此庞大的体量和复杂的体系，对于供应链管理而言本身就是很大的挑战。因此，做好合规保障是打造可持续发展供应链的基础。

（一）供应商管理

西门子以负责任的方式开展业务，并遵守运营所在国家的法律和法规要求。因此，西门子期待员工、供应商和第三方中间人同样遵守所有适用的法律和法规。针对供应商，西门子要求所有的供应商签订《西门子—供应商及第三方中间人行为准则》，并承诺完全遵守行为准则中的规定。同时，西门子将根据对供应商的风险评估进行供应商审查，审查范围包含从供应商对自身可持续发展实践的自我评估到外部审计员在现场进行的可持续发展审核。西门子将针对审核中发现的问题持续督促供应商进行改进。

（二）员工培训

西门子作为链主企业，致力于推动社会责任与西门子自身员工福祉的实践。在员工培训方面，西门子不断建立完善的人才发展与培养机制，推进人才梯队建设，给员工提供系统的培训项目，在西门子全球“DEGREE”框架下，设置每位员工的线上学习时间的关键绩效指标：2023 财年 21 小时，2024 财年 23 小时，2025 财年 25 小时。

为支持全员数字化学习，西门子中国提供了数字化学习平台——“My Learning World”，该平台方便登录并提供了七种学习方式，拥有超过 11.8 万个种类丰富的学习资源，还有本地的绚星云平台提供了超过千门中文课程，便于员工自主学习。2022 财年，西门子开展战略性学习项目，通过“My Learning World”学习平台进行了各种类型的管理培训以及合规、安全培训等。

（三）员工权益与保障

在劳工保障方面，西门子严格执行《中华人民共和国劳动法》《中华人民共和国劳动合同法》等法律法规，依法与员工签订合同，充分保障员工合法权益。

在防止误用童工方面，招聘人员在职位申请阶段会审查候选人的年龄。员工入职前，公司通过构建系统自动控制点对候选人提供的身份证号中包含的年龄信息再次进行核查，防止雇用童工。

在防止强制劳动方面，西门子坚决杜绝以收取押金、扣押证件、威胁等方式来限制员工的人身自由或强迫员工劳动。

在员工福利方面，西门子按照国家和地方政策，在按时、足额为员工缴纳五险一金的同时，还额外提供企业年金及弹性福利计划，构建一个全方位的福利计划组合。

（四）健康与安全管理

西门子中国始终将员工的健康与安全放在首位，旨在保持并进一步提高员工的韧性、适应性和健康安全，赋能员工更好地应对不断变化的环境。西门子的职业健康安全管理体系符合或高于国家法律法规的要求以及ISO45001职业健康安全管理体系的要求。运营公司全部通过外部机构审核，获得ISO45001职业健康安全管理体系认证证书。

（五）社区责任

在社区发展方面，西门子扶持中小型公益机构，为弱势群体提供社会援助，积极支持环保事业，并在自然灾害发生后提供及时的技术和人道主义援助。

在志愿活动方面，西门子员工积极参与公司和非营利性组织合作开展的志愿者活动。公司定期组织员工参与环境保护行动，2021年公司开展清理河道垃圾活动，以实际行动践行生态文明理念。

在爱心公益方面，西门子“有声邮局”公益项目持续关注留守儿童和盲童等群体，来自西门子的有声礼物已经捐赠给内蒙古、四川和云南的 400 余名孩子。同时，“爱心暖冬套装”“科学实验室”“植物生长暖房”等生活和学习物资也一并送到孩子们手中。

此外，西门子积极开展“携手关爱”西门子中国公益计划。截至 2024 年 4 月，西门子中国“残疾人帮扶性就业基地”已在北京、上海、天津、成都等 9 个城市开展，累计为 200 余名残障人士提供就业。截至 2023 财年，西门子员工志愿者协会已在我国开展了超过 500 场志愿服务活动；“西门子爱绿教育计划之中国大学生社会实践项目”共支持来自全国30余所重点高校的大学生，为超过5.24万名乡村学生和教师带去“爱绿”环保科技课程。

图 7 西门子支持残障人士可持续就业项目残障员工手工艺品展示

七、合作伙伴关系与共同发展

构建“端到端”的零碳产业链、实现供应链减碳脱碳，需要“携手

各方伙伴　共创绿色生态”。西门子致力于从知识、技术、资源等多方位对接共创供应链减碳生态，利用知识体系培训、数字化技术和奖项激励等多项实践举措，推动构建供应链合作伙伴关系，促进供应链合作伙伴间的协作与共同发展。

案例一：2023 西门子供应商大会

西门子（中国）有限公司 2023 财年以“Resilience，Productivity，Sustainability”为主旨的供应商大会于 2023 年 4 月 18 日在西门子上海中心举办。40 余家供应商伙伴受邀参加了现场活动，近 300 位参会人员在线观看。西门子管理层解读了双轮驱动实现高质量发展的战略方向，携手实现共享共创共赢。西门子各业务集团还为供应商带来了出色的产品、服务和解决方案介绍，助力西门子生态系统实现共同战略目标。

案例二：西门子供应商可持续发展培训月

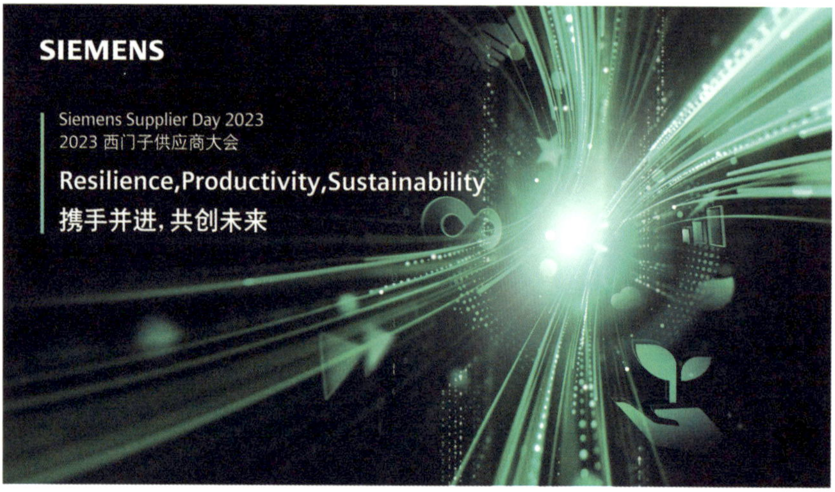

图 8　2023 西门子中国供应商大会海报

西门子积极开展供应商培训，2023 年度“西门子供应商可持续发展培训月”活动在 5 月举办。西门子携手众多行业专家，为供应商构建系统性的可持续发展知识体系，供应商累计参与超1300人次。

案例三：西门子开放式数字商业平台Xcelerator

2022年，西门子开放式数字商业平台Xcelerator落地中国，赋能企业数字化转型。供应链管理团队在西门子数字商业平台Xcelerator上发布供应商专属支持页面，面向三大重点行业供应商（机械及电气设备、金属制品、金属）提供西门子领先的数字化和低碳化解决方案以及行业洞察，供应商可通过该页面选择对应的解决方案并直接联系，西门子将安排专业的团队为其提供脱碳支持。

案例四：西门子“零碳先锋奖”

图9　西门子中国零碳先锋两周年特别活动

西门子中国设立的“零碳先锋奖”旨在表彰西门子合作伙伴和供应商中，运用西门子技术推动客户及供应商减排努力的领跑者。首届奖项在2023年中国国际工业博览会上举办的“西门子中国零碳先锋两周年特别活动”上颁发，共有45家获奖企业受到表彰，其中2家供应商因其在绿色低碳可持续发展方面的成就而获得“卓越奖”，奖项由来自国家气候战略研究与国际合作中心、毕马威中国、TÜV南德意志集团以及西门子的专家组成的联合评委会严格评选。评选标准基于西门子中国的可持续价值主张，即对公司在“去碳化和能源效率”“资源效率和循环性”“以人为本和社会影响”等方面进行评估。

八、总结与未来展望

气候变化已成为地球和人类当前面临的最大威胁。供应链所能影响的碳排放量往往比企业自身运营的碳排放要高出数倍，打造供应链的碳中和将极大地提高企业的气候行动影响力，并为应对全球气候危机作出重大贡献。

西门子的实践证明，企业不仅能够在自身运营中实现减排，更能通过创新技术和战略规划推动整个供应链的绿色转型，为全球气候行动贡献力量。西门子的碳中和目标及战略不仅体现了公司对环境保护的承诺，更是其全球战略布局的重要组成部分。西门子不仅在自身运营中追求净零排放，更在供应链管理中实施了一系列举措，建立体系化的战略框架，构建系统化的治理流程，并通过供应链数字化与创新技术应用，为供应商提供了减碳的科学路径和技术支持，如“绿色数字孪生”工具（Green Digital Twin™）、SiGREEN碳足迹可信精算与追溯以及减排信息管理系统（CWA）等。同时，通过开放式数字化商业平台Xcelerator，西门子也为中小企业提供数字化与低碳化转型支持，助力构建产业高质量发展新生态。

作为知行合一的零碳先锋，150年来，西门子始终坚定不移地践行着可持续发展理念。展望未来，西门子将继续利用自身数字化技术，结合 Xcelerator 平台，进一步赋能供应链的绿色发展。不仅在自身供应链中识别并树立标杆，带动更多供应商加快绿色转型，同时通过系列治理工具与技术工具，赋能供应商绿色发展，并主动连接专业服务机构、垂直行业领导者、跨行业协同网络以及创新组织 / 企业，构建平台并结合自身生态资源，与供应链一道实现可持续发展的价值创造，以支持我国实现双碳目标，为全球的环境保护和气候变化应对作出积极贡献。

企业简介

西门子是一家专注于工业、基础设施、交通和医疗领域的科技公司。从更高效节能的工厂、更具韧性的供应链、更智能的楼宇和电网，到更清洁、更舒适的交通以及先进的医疗系统，西门子致力于让科技有为，为客户创造价值。通过融合现实与数字世界，西门子赋能客户推动产业和市场变革，累计帮助数十亿人共创每一天。150 余年来，秉持“矢志不渝向未来”的精神，西门子始终以创新的技术、卓越的解决方案和产品坚持不懈地对中国的发展提供全面的支持。百年坚守，同心同行，西门子服务于 40 余个行业超过 5 万家企业客户，已经成为中国社会和经济发展的重要参与者。面向未来，西门子将继续凭借本地化价值链和全球资源，以数字化和低碳化的“双轮驱动”，为中国经济的高质量发展注入加速度。

第二届 2024 SHANGHAI
INTERNATIONAL CARBON NEUTRALITY EXPO
GREEN AND LOW CARBON SUPPLY CHAINS CASEBOOK

上海国际碳中和博览会
绿色低碳供应链案例集

延锋

“碳”索未来　践行向“零”

延锋汽车饰件系统有限公司将绿色低碳理念融入发展战略，公开承诺 SBTi 脱碳目标，通过全面梳理供应链各环节碳排放，量化碳足迹，从技术与工艺创新、清洁能源使用、物流优化、循环经济与废弃物管理等多维度，推进供应链减排。同时，延锋积极构建绿色供应链伙伴关系，推动供应商提升碳管理能力，实现信息透明与责任共担，共同携手“碳”索并践行向“零”排放的绿色未来。

一、延锋碳中和目标及战略

2023 年，延锋汽车饰件系统有限公司（以下简称“延锋”）公开承诺科学碳目标倡议（SBTi）的脱碳目标，即 2030 年范围一和范围二在 2019 年基础上减少 50% 的排放量；范围三减少 27.5% 的排放量。为了进一步践行承诺，延锋制定了治理架构和可持续政策，努力打造净零排放和循环的产品组合，减少产品重量和填埋废物。具体行动计划如下：

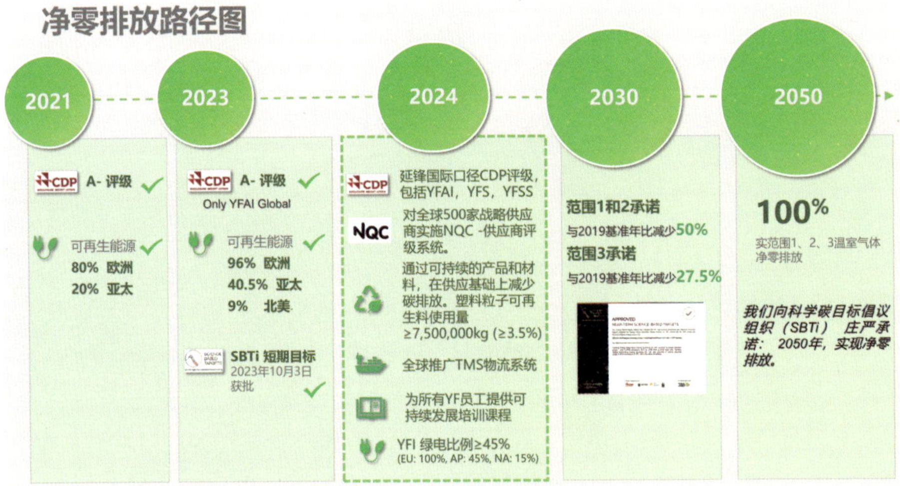

注：SBTi的承诺范围为内饰全球的短期（2030）目标。

图 1　延锋净零排放路径图

（一）建立可持续治理结构

延锋为更好地践行公司可持续承诺，确保满足客户对 ESG 的要求，并指导公司通过各种方式实现净零排放，建立了以下治理结构：

可持续发展倡议执行指导委员会：由延锋的首席执行官、执行委员会以及大区和职能部门领导组成，负责监督公司的战略、目标制定和承诺。该执行指导委员会每年召开两次会议。

可持续发展理事会：负责监督公司的可持续承诺和目标，制定关键绩效指标并且在全球范围内推动项目。该理事会由全球可持续发展副总裁担任主席，成员遍布所有地区，代表的职能包括采购、人力资源、健康、安全和环境、企业传播、商务、全球技术销售、创新、工程、运营以及先进制造工程。理事会每两周召开一次会议。

来自亚太、欧洲、南非以及北美的区域治理团队，负责在区域层面上实施可持续行动，而各个事业部则在项目上进行合作，以符合客户和监管要求，并识别可持续发展的趋势。

（二）供应链碳足迹分析

延锋全面梳理供应链各个环节的碳排放情况，包括直接排放（Scope 1）、间接排放（Scope 2）以及范围三（Scope 3）供应链上游和下游排放，涉及原材料采购、生产过程、物流运输、产品使用与处置等多个环节。延锋与供应商合作，获取必要的排放数据，或采用行业平均数据和模型估算等方法，对碳足迹进行初步量化。

（三）设定供应链减排目标

延锋将 SBTi 目标分解到供应链各环节，根据各环节的碳排放贡献比例和减排潜力，设定分阶段、分领域的具体减排目标。这些目标应具有可衡量性、可达性、相关性和时限性，并与 SBTi 要求的 1.5℃温控目标保持一致。

（四）识别减排机会与策略

技术与工艺创新：鼓励供应商采用节能设备、优化生产工艺、引入低碳或零碳材料，如通过材料替代、轻量化设计等方式降低产品碳强度。

清洁能源使用：推动供应链伙伴转向可再生能源供电，如太阳能、风能等，减少化石燃料消耗。

物流优化：整合运输资源，提高装载率，推广绿色物流模式（如铁路、水运、电动车等），减少空驶和无效运输，运用数字化工具优化路线规划。

循环经济与废弃物管理：推动产品设计与制造过程中的资源循环利用，减少废弃物产生，提高回收率和再利用率，支持闭环供应链建设。

碳捕获与抵消：对于难以避免的排放，研究碳捕获、利用与封存技术的应用，或投资高质量的碳补偿项目。

（五）建立协作机制与伙伴关系

供应商评估与筛选：将碳管理能力纳入供应商评估体系，优先选择具备良好环保记录、愿意接受减排目标并有能力实施的供应商。

能力建设与技术支持：为供应链伙伴提供培训、研讨会、最佳实践分享等资源，提升其碳管理能力。必要时，协助引入第三方咨询机构或技术专家提供定制化解决方案。

透明度与报告：建立供应链碳信息披露制度，要求关键供应商定期报告碳排放数据与减排进展，确保信息透明，作为监控与调整策略依据。

（六）政策倡导与市场机制

参与政策制定：积极与政府、行业协会等沟通，推动有利于供应链脱碳的政策出台，如绿色采购政策、碳定价机制、低碳技术创新补贴等。

利用市场工具：探索碳交易、绿色金融、碳标签等市场化手段，激励供应链伙伴主动减排，如通过绿色供应链融资、碳信用交易等方式降低成本或增加收益。

（七）监测、评估与调整

建立监测体系：定期收集、核查供应链碳排放数据，对比目标进度，及时发现问题并采取纠偏措施。

定期审计与评估：对供应链脱碳计划进行独立审计，确保数据准确性和减排行动有效性，定期评估目标达成情况及计划实施效果。

适应性管理：随着技术进步、市场变化及政策更新，适时调整供应链脱碳计划，确保其持续符合 SBTi 目标及企业整体气候战略。

通过上述步骤，延锋将 SBTi 脱碳目标切实融入供应链转型设计中，形成一套涵盖目标设定、减排策略、协作机制、政策倡导和监测评估在内的全方位供应链脱碳计划，推动整个供应链体系朝着低碳、可持续的方向转变。

二、供应链碳中和实践

图 2　可持续的产品生命周期

在全球气候变化的背景下，供应链绿色转型已成为企业可持续发展的必然选择。链主企业作为供应链的核心，在推动绿色转型中发挥着举足轻重的作用。不仅通过自身实践引领绿色发展，还要通过整合供应链资源，促进供应链各环节的碳减排和碳中和，实现整个供应链的绿色升级。

延锋一贯注重可持续，将可再生天然纤维用于内饰件，在延锋已经有 65 年历史。一方面，可再生材料不是通过直接砍伐会吸收二氧化碳的植物来获取；另一方面，可再生材料对原始材料的依赖很少，与标准塑料产品相比重量更轻。在全球都在关注可持续的今天，延锋更致力于减少碳排放，在延锋专有的产品碳足迹跟踪系统的帮助下，将可持续发展贯穿于整个产品生命周期。这包括设计过程中的材料选择、环保材料的开发、物流和制造流程的优化以及负责任的报废处理。

（一）延锋的可持续流程

编制可持续流程对于绿色供应链转型起着关键作用。延锋国际运营体系（YF IOS）是一套整合型的管理体系，满足了质量、安全、环境、合规、公司经营等各方面的管理要求，涵盖了供应链的各个环节，是全球所有员工的行动指南。2022 年起，延锋将可持续方面的要求也纳入到 YF IOS 中，先后发布了可持续发展、延锋国际合作伙伴行为准则、气候风险和机遇管理、可持续设计、碳排放管理、碳排放追踪系统蓝图以及供应链企业社会责任管理等方面的文件。从最初的原材料采购阶段开始，到生产制造、物流运输，直至产品的废弃处理和再利用阶段，每个步骤都设定了清晰的绿色操作标准和规范，使可持续管理成为员工日常操作的基本要求，对企业发展长远和地球生态环境的保护具有深远影响。

（二）可再生材料的开发与应用

延锋在材料开发方面拥有强大的内部能力。延锋的非金属材料研究所专注于可持续材料配方技术，包括材料的特性及其在项目中的应用。2023 年，延锋的非金属材料研究所开发出一系列 12 种不同回收率的新型机械回收塑料粒子，其中 3 种回收粒子已应用于项目中，两种新的植物纤维增强聚丙烯生物基材料也正在开发中。此外，非金属材料研究所还开发了可注塑成型的再生碳纤维改性材料和适用于压缩成型工艺的再生碳纤维片材，以及化学再生聚氨酯表皮材料。

除此之外，延锋的创新团队还在研究可再生材料以及如何将可持续材料融入到新产品创新中。2023 年新产品创新开发了六种可持续材料，包括五种可回收材料和一种生物基材料，其中两种已应用于项目中。

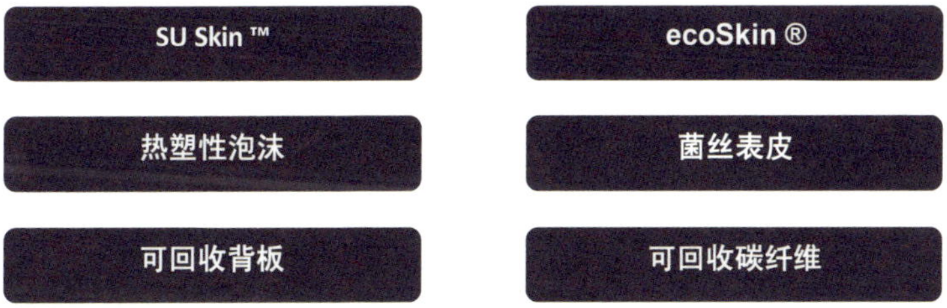

图 3　创新可持续材料

这些自主 / 合作开发的材料不仅能减少碳排放，还能提供舒适的触感体验，其半透明、优质、自然可见等特性不仅满足了设计需求，还能够与延锋的创新解决方案充分结合。

低碳座椅是可再生解决方案的实例，它采用创新和可回收材料，与传统座椅相比，可减少高达 40% 的产品碳排放量。创新材料包括聚对苯二甲酸乙二醇酯（PET）、聚氨酯（PU）饰边、再生泡沫、热塑性泡沫、绿色钢架、PET 轻质背板和混合坐垫。PET 和 PU 座套由 100% 回收的软饮料瓶制成，减少了 20% 以上的产品碳排放量。

座椅和靠背使用的泡沫也是环保型的，与传统的聚氨酯泡沫相比，回收泡沫和热塑性泡沫相结合，可提供更好的座椅舒适度和支撑力。此外，在泡沫生产和成型过程中使用工业废水蒸汽，大大降低了能耗和排放。

延锋使用多达 100% 的废钢作为原材料，再加上生产回收钢架时使用的绿色电力，使产品的碳足迹减少了 60% 以上。座板采用高强度再生塑料代替传统的金属座板，实现了延锋“以塑代钢”的目标。座椅背板采用回收的 PET 材料，不仅重量轻、造型动感，而且具有可持续性。此外，混合坐垫使用高强度可回收复合材料代替金属，从而将延锋产品碳足迹降低了 20%，并使表面处理技术有了更广泛的选择。

（三）可持续制造与低碳能源

延锋在双碳战略的驱动下，通过能源结构零碳优化、数智赋能管理控碳以及节能减排，力争 2050 年全球范围内实现全面碳中和。延锋持续推进可再生能源电力的使用，充分利用厂区屋顶资源自建分布式光伏项目，截至 2023 年已实现装机容量 32MW，年发电量 2700 万 kWh，为工厂提供 3% 的绿色电力。从能源结构上不断进行低碳优化，通过可再生电力采购协议外购绿电，2023 年外购绿电 2.9 亿 kWh，延锋全球工厂绿电平均水平提升到 40%，规划至 2030 年实现 100% 绿电。

在不断提升可再生能源占比的同时，延锋还积极实行技术改造，节能降碳，开展了铣刀切割和红外焊接设备的真空改造，金属件排风除尘系统的变频控制等节能技改项目。在碳足迹的管理上，延锋通过搭建碳排放管理体系，开发并部署了数字化碳追踪软件，计算企业准确可靠、透明可溯的碳排放数据资产，同时提供了因子库管理，便于公司的自有因子库数据沉淀。建立可持续价值链，推动供应链上下游企业全生命周期减排，实现降本增效和科学减排。

图 4 延锋绿色能源路径图

（四）绿色包装与物流

延锋的物流运输包括海运、空运、公路和铁路运输等多种方式。这些运输方式在促进全球贸易和经济发展的同时，也带来了大量的温室气体排放。为此，延锋研究各种运输方式和工具，通过优化运输方式和路线、提高运输效率、使用清洁能源、优化包装、采用智能物流系统等方面实现减排。

优化运输方式：延锋通过研究各种运输方式的碳排放情况，结合成本和效率，优化运输路线和模式，有效降低碳排放。通过分析，对在烟台—沈阳的运输路线进行了重新规划，采用多式联运，增加海运距离并减少公路运输，该路线可降低碳排放 38.6%。

提高运输效率：结合供应链上游及自身业务运输需求，通过运输配载模型，提升单次配载，提高各运输工具的效率。例如，统筹规划运输需求，针对重点供应商聚集区域江浙沪，整合各系统订单，建立苏锡常上海3条循环取货（Milk-Run）上门提货线路，替代供应商自运方式，2023年该线路实现4%的碳排放下降。

使用清洁能源：推广使用电动车辆、氢燃料电池车辆等清洁能源交通工具，替代传统的燃油车辆。同时，探索使用生物燃料等可再生能源，减少对化石燃料的依赖。2023年，延锋与物流承运商合作，在重庆试点使用氢能源车替代柴油运输车，在运输成本不增加的情况下，实现了当地30.7%运输的零碳排放。

绿色包装：采用可循环利用的包装材料，减少包装废物的产生。同时，优化包装设计，减少不必要的空间和重量，从而降低运输过程中的碳排放。2023年取消一次性木托盘，使用循环塑料托盘，实现成本下降55%，碳排放下降18.2%。降低一次性包装纸箱的使用率，占比由15%降低到8%；增加一次性纸箱的再次利用，废弃纸箱进行精细分类回收。

图5　绿色包装替代传统包装

智能物流系统：利用物联网、大数据、人工智能等技术，实现物流运输的智能化管理。通过精准预测需求、优化库存管理、提高配送效率等措施，减少无效运输和碳排放。2023年开发企业大物流网络布局，实现运输管理系统（TMS）与企业资源计划（ERP）、商业数据平台（BDP）数据互通智联，使用数智化物流路线设计，跨业务单元协同整合全国物流线，推动智能仓储，实现内外部共享仓模式。

三、可持续采购与供应链管理

延锋在推动供应链绿色转型的过程中，可持续发展是主要战略，延锋将其融入整个采购流程中，从源头上确保产品和服务的环保性与社会责任感。

（一）发布延锋供应商合作伙伴行为准则

延锋编制了供应商合作伙伴行为准则，并发布在公司官方网站上。该准则向供应商明确了必须做到的最低要求，并希望合作伙伴在开展经营活动时考虑对其自身员工和社会应承担的社会责任，并遵守联合国全球契约的社会责任和可持续发展 10 项原则。

延锋致力于通过使用可再生能源提高能源效率，减少其价值链中的温室气体排放，并在生产和向客户提供产品和服务的同时不断提高能源性能。延锋的合作伙伴同样应采取措施减少其直接和间接的二氧化碳排放，例如使用绿色电力、二次材料或生物材料。这一要求也是合作伙伴选聘流程的一部分。

（二）与 NQC[1] 进行合作，使用评估问卷对供应商进行评价

延锋使用可持续发展评估问卷对供应商进行评价，旨在通过评估和验证实施管理体系，即政策、流程、功能、工具和内部控制的组合，以此来表明和核实供应商在企业社会责任和可持续发展方面的合规性，帮

[1] 一家基于网络的供应商参与系统提供商。

助企业或机构控制其运营，实现目标并确保能够做到持续改进。问卷中包含绿色能源、温室气体排放等多项碳减排相关内容，对推动供应商碳减排有积极作用。

（三）加入 RSCI 组织，系统管理延锋及供应链可持续发展

延锋是汽车供应链负责任供应链倡议（RSCI）组织成员之一，通过 RSCI 组织，系统性培训延锋内外部审核员，对延锋内部及供应链进行 RSCI 审核，规范供应链可持续发展规划。

（四）供应商奖励

供应商大会中新设立了双碳相关的奖项，鼓励供应商积极识别国家及客户碳减排政策，嘉奖卓越供应商在各自的产业中积极减碳、开发低碳产品的成就。

（五）发布推动延锋可持续供应链发展倡议书

延锋发布了可持续供应链发展倡议书，号召供应商伙伴，开展可持续发展路径的探索，制定公司的减碳目标和具体实施路径，寻求成本最优的减碳方法，增加供应链的整体竞争力，共同搭建世界上最好的汽车零部件供应链。为此，供应商积极行动，具体举措如下：

1. 结合供应商企业自身情况和所处地域情况，制订和提交可再生能源计划，并持续推动计划的落地；

2. 开展供应商企业和产品碳计算工作，积极参与延锋碳管理软件对范围三数据的收集，提供更准确的场地数据；

3. 制定碳中和目标，积极支持延锋在 2030 年之前实现范围三碳排放降低 27.5% 的目标。

延锋将可持续采购纳入长期战略规划，持续跟踪评价执行效果，适时调整优化采购政策，以确保其始终与全球可持续发展趋势保持一致，从而实现供应链的全面绿色转型。只有这样，公司才能在追求经济效益的同时，兼顾社会效益和环境效益，真正实现可持续发展。

四、延锋的循环经济与废弃物管理

资源是有限的，为了减少浪费和提高资源的再利用率，人们对循环利用解决方案的需求日益增长。可回收性是朝着正确方向迈出的一大步，而在汽车供应链中建立合作关系则是成功的关键。为此，延锋与亚太、欧洲、非洲、北美地区的客户、供应商和其他组织建立了广泛的回收项目。

再生材料的使用，在实现延锋 2023 年目标的过程中发挥了重要作用，全球再生塑料树脂的采购量比 2022 年增加了 14%，达到 638 万千克，其中欧洲和南非比 2022 年增加了 8.85%，北美增加了 3.6%，亚太地区增加了 0.5%。

此外，延锋还通过与外部合作伙伴合作，寻求物理和化学回收的机会。物理回收是指将产品或材料分解成各个部分，然后利用这些部分制造新的产品或材料。这一过程通常用于玻璃、金属和纸张等材料，但也可用于塑料。另一方面，化学回收利用化学过程将材料分解成基本的组成部分，然后再用来制造新材料。这种方法通常用于塑料，由于塑料的化学成分复杂，对其进行物理回收具有挑战性。

延锋在汽车的整个生命周期中同时考虑物理和化学回收，有助于更有效地实现可持续发展目标，并促进循环经济的发展。

（一）推进循环经济

为了响应国家十四五规划的号召，顺应国际市场趋势，推进企业循环经济转型，延锋实施了如下举措：

◇ 积极推动回收材料相关标准的体系建立，参与国标和行业标准的制定。2023 年，延锋参与中国汽车工程研究院股份有限公司关于《产品碳足迹　产品种类规则　汽车座椅》的制定，提供了座椅产品材料组成和加工工艺相关技术信息，结合延锋自身实践提供校对意见和建议，推进了标准编制的进程。

◇ 在原材料选择方面，延锋积极推广二次材料的使用，与 2021 年相比，延锋 2022 年度回收塑料粒子的全球采购量增幅高达 44%。

◇ 为更好地推广二次材料的使用，延锋一方面与上游供应商合作交流，深入了解废旧材料从来源、改性到性能把控的各个环节，力求保证二次材料来源可靠、供货稳定，性能达标且波动较小；另一方面，延锋与下游主机厂紧密合作，探索并拓展二次材料在座舱零件上的使用场景。

◇ 欧洲在环保和循环经济方面是走在世界前列的地区，其法规制定通常具有指向性意义。为此，延锋密切关注欧洲相关法规的动态，并以此作为前瞻性研究方向确定的输入。2023 年，欧盟推出了新的报废车辆指令提案，计划对报废汽车的管理和汽车设计的循环性提出更高、更具体的要求，尤其是回收料中来自报废汽车的废旧塑料的含量。对此，延锋积极与上下游合作，研究如何更好地从报废汽车中回收 PC+ABS、PC、ABS、PC/PET/PBT、PMMA 等二次材料，并实地走访报废汽车拆解和回收企业，确认产能足够、质量过关并可以落地。力求尽早打通车用材料的闭环回收。

（二）废弃物管理

延锋在废弃物管理方面的总体思路为：首先，通过改进工艺、提升资源利用效率，致力于从源头减少废弃物产生。其次，将废弃物转化为再生资源，替代新原料的开采与生产，变废为宝。具体案例如下：

案例一：发泡模具特氟龙涂层应用实现危险废物及挥发性有机物（VOCs）排放减量化

大发泡脱模过程中使用有机溶剂型脱模剂，使用过程中产生逸散污染环境。为此，通过工艺分析和研究，在发泡模具表面喷涂特氟龙，在模具表面形成一层特氟龙涂层，降低泡沫在模具表层的附着力，便于脱模，以达到减少脱模剂喷涂量，减少 VOCs 的挥发及危废的产生量，降低成本的同时，也提高了发泡模具的使用寿命。

案例二：注塑废料“变”装配胎模块

注塑工艺是延锋核心工艺之一，注塑区域根据生产计划会更换不同粒子原材料生产，期间因排空料筒等原因会产生很多废料。新项目或量产过程中因客户变更或者其他各种原因会切换粒子原材料型号，导致旧的粒子积压。为此，延锋充分了解材料特性，拓展应用范围，将废料得以有效再利用：

◇ 注塑产生的废料得到回收再利用；

◇ 利用自制工装将注塑废料塑形；

◇ 过期或报废的粒子不再积压库存；

◇ 通过二次加工制作成装配的胎具模拟块，节省装配区胎具的原材料费用；

◇ 密度低，降低了装配胎具约 25% 的重量。

废料再利用在降低成本的同时，也减少了废料排出料筒时长时间冷却产生的空气污染，避免了废料处理过程产生的其他环境（土壤、大气等）

污染，降低了粒子积压浪费，避免了后期处理产生的环境污染。

五、延锋供应链数字化与创新技术应用

数字化技术在优化供应链运作与管理方面的应用极为广泛，它可以帮助企业更好地控制成本、提高效率、增强可持续性和透明度，特别是在环境管理方面，对供应链碳排放进行有效管理及追踪产品碳足迹。

碳足迹追踪系统是一个基于信息技术的碳管理平台，主要用于监测、评估和管理组织碳排放、产品碳排放和碳减排情况，为组织提供低碳、可持续发展的决策支持。

（一）建设内容和思路

1. 数据采集和监测：碳足迹追踪系统需要采集并监测组织的碳排放数据，包括能源消耗、运输、生产过程、供应链等方面的数据。可以通过物联网、传感器等技术实现数据的自动采集和传输，从而减少了人工干预。

2. 数据管理和分析：采集到的数据需要进行处理和分析，以便组织了解碳排放的情况和影响因素。数据管理和分析模块需要具备数据存储、清洗、处理和可视化等功能，以便用户可以快速了解和分析数据。

3. 碳排放评估和预测：基于采集到的数据和分析结果，碳足迹追踪系统可以对组织的碳排放进行评估和预测。该模块需要具备基于数据的评估和预测算法，可以帮助组织了解碳排放的趋势和未来发展方向。

4. 碳减排方案和管理：碳足迹追踪系统可以根据评估和预测结果，提供碳减排方案和管理。该模块需要具备碳减排方案的制订、实施和监测等功能，可以帮助组织实现低碳发展目标。

5. 报告和交流：碳足迹追踪系统可以生成报告和数据分析结果，并支持数据共享和交流。该模块需要具备数据可视化和报告生成功能，以便组织可以向外界展示自己的碳排放情况和管理成果。

综上所述，碳足迹追踪系统建设的思路是从数据采集和监测、数据管理和分析、碳排放评估和预测、碳减排方案和管理、报告和交流等方面入手，实现组织的碳排放监测和管理，为组织可持续发展提供科学依据和决策支持。

（二）取得成果

1. 延锋根据国际标准规范方法学，制定延锋碳数据管理流程，建设延锋碳排放追踪系统，以供支持核算分析。系统支持不同计算标准，如ISO14067、ISO14064、PAS-2050、EF3.0、IPCC 等。

2. 为延锋提供方便的碳排放和产品碳足迹计算工具，提升了 CDP 披露的数据质量；提供了证据链管理，方便审计追溯；提供了因子库管理，方便公司沉淀自己的因子库数据。

3. 延锋建立可持续价值链，进行预测报告和系统化分析生产经营过程，推动供应链上下游企业全生命周期减排，实现降本增效和科学减排。

4. 数字化模拟排放产生过程——在产品研发期，通过系统可模拟不同原料、不同生产工艺、不同能源消耗、不同使用环境、不同回收工艺流程下的产品全生命周期的碳排放，帮助延锋研发团队选择最佳方案。

5. 数据可视化管理——以丰富的动态图表方式清晰展示产品在原料获取、生产、使用、回收和再利用过程中的温室气体排放数据。

6. 供应链可持续性管理——通过该系统，可强关联产品研发、生产、回收和供应链关系，帮助更好地管理供应商和产品上下游的可持续性发展。

7. 生成报告与评价——基于数据管理和各计算标准，系统可按监管或不同框架要求自动生成产品碳足迹报告。

8. 与内部系统便捷联通——可与企业原系统对接，例如物流、ERP、MES 和 BPM 等系统，实现自动导入生产 BOM、工序、物流、废弃物等相应信息，进行自动化计算产品碳足迹。

该系统是集碳数据采集、存储、计算和分析为一体的平台，实现生产数据的互通，支持围绕企业生产价值链的碳排放数据管理，实现从全企业到生产单元、到产品级的精细化、全方位管理，推动形成“收集—解读—决策”的主动碳管理过程，助力延锋“碳”索未来，践行向“零”。

数字化技术为供应链碳排放管理提供了强大的工具和支持，不仅能够精细化地追踪和管理自身及其供应链的环境影响，还能够在追求经济效益的同时，履行社会责任，朝着更加绿色、可持续的方向发展。

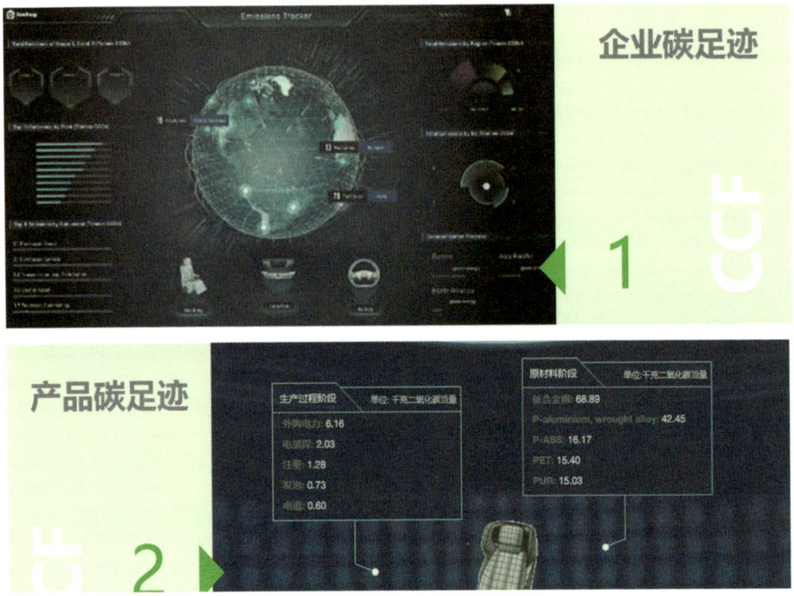

图 6　碳排放追踪系统

六、延锋供应链社会责任与员工福祉

（一）供应链社会责任

供应商是延锋重要的合作伙伴和战略资源。延锋期望与供应商一起，以对环境和社会负责的方式开展业务。所有供应商必须承诺遵守延锋的全球供应商标准，遵守延锋在合作伙伴行为准则中规定的道德和法律原则。该准则向供应商明确了必须做到的最低要求，也提出了明确期望。

延锋鼓励供应商采用与联合国全球契约的环境和社会责任，以及可持续发展十项原则相一致的商业价值和实践。这些要求也适用于他们自己的供应链。

作为延锋的合作伙伴，供应商必须遵守生产国和销售国政府有关员工健康和安全、环境保护、有毒有害物质和自由贸易的所有适用法规。此外，应获得 ISO14001、ISO45001 管理体系认证或符合当地国家的法规。

不接受、不遵守要求的供应商会被限制给予新业务。延锋还制定了一项流程，用于报告潜在利益冲突或违法行为。

延锋的合作伙伴有义务报告所有涉嫌或实际违反守则或任何适用法律和法规的行为。如有任何违法或违规行为，可以通过延锋提供的诚信求助热线，以匿名方式进行在线举报。

（二）人权

为确保在全球范围内尊重延锋员工的人权，提供合适的工作条件，延锋制定了人权和工作条件政策与承诺。这一承诺在延锋的网站上公布，是 YF IOS 的一部分。

此外，延锋还建立了一套机制，以便员工和利益相关方匿名报告任何潜在的违规行为。

从延锋的合作伙伴行为准则中可以看到，延锋从员工合规和工作条件的角度以最高标准要求自己的同时，也对供应商提出了同样的要求。

政策包含在执行业务运营时，延锋将保障员工的人权和工作条件等14项承诺，包括工作年龄、工资和福利、工作时间、非自愿工作、合法招聘、结社自由、无骚扰、不歧视、妇女权利、多元化和包容性、少数民族和土著人民的权利、土地、森林和水权、安全武力。

（三）人才发展

延锋把员工的成长和发展放在首位。无论员工是刚毕业的大学生还是组织领导者，延锋的目标都是帮助提升个人的领导技能、商业头脑和职业道路。为此延锋在区域和全球范围内实施了各种领导力发展计划，协助实现这一公司目标。

延锋在人才培养方面遵循内部培养、提前培养和持续培养的理念，鼓励在组织内部寻找和培育人才，特别注重青年人才的培养，同时为未来的业务储备高潜力人才，建立稳固的人才梯队。

延锋构建了一套完整的“管理与专业”双通道发展模式。这意味着无论员工倾向于走管理路线还是专业技术路线，都能在公司内部找到广阔的发展空间和上升路径。针对员工个人发展的不同阶段，延锋还实施了定制化的培训体系，无论是新入职的应届毕业生，还是中高级管理人才、专业人才，都能通过丰富的培训及实践机会，在每个发展阶段得到系统性的指导和提升。

延锋的人才培养机制旨在激发每位员工的潜能，助力他们实现长期的职业规划与自我价值最大化，确保了人力资源的持续有序发展。

（四）社会公益

延锋重视良好的企业公民意识，积极投身于公益事业。延锋较有代表性的公益活动为 iCARE 项目，通过该项目回馈所在的社区，并鼓励员工与当地非营利性组织或教育机构合作开展志愿服务。延锋致力于支持社区的艺术、教育、环境、健康、可持续发展和社会服务。除了员工参与志愿服务外，还会向选定的组织进行捐款。

例如在德国诺伊思，延锋志愿者与“晚安巴士”合作，为无家可归者提供食物和保暖衣物。在德国，当气温下降时，街头生活变成了无家可归者的生存斗争。虽然白天有很多机构为无家可归者提供服务，但晚上 10 点后仍流浪街头的人就是晚安巴士（GuteNachtBus）的主要帮扶对象。2022 年，延锋共开展 iCARE 项目 45 个。

七、延锋合作伙伴关系与共同发展

对供应链的重视和投资体现了延锋对可持续发展和环境保护的承诺。通过建立供应商学院，延锋不仅提升了自身供应链的整体能力，也推动了与合作伙伴的共同成长和进步。这有助于构建一个更加稳定、高效和环保的供应链生态系统。

2022 年，延锋针对供应链开展了碳中和碳达峰的培训，这表明延锋不仅关注自身的环境影响，也致力于帮助供应商理解和实现减排目标。通过分享愿景和经验，延锋鼓励供应商采取行动，以减少碳排放，共同为实现碳中和目标作出贡献。通过培训增强了供应商的环境意识，促进他们在生产过程中采取更加低碳环保的工艺。

2023 年，延锋进一步开展了产品碳足迹核算的培训，这显示了公司在环境保护方面的持续努力和深化。延锋的碳管理系统向供应链宣讲碳计算的原理和方法，帮助供应商更好地理解和量化他们的碳足迹。这对于制定有效的减排策略和监测进展至关重要。掌握碳计算的知识和技能，供应商可以更精确地识别减排潜力，优化生产流程，从而实现更高效的资源利用和更低的碳排放。

总体而言，延锋通过这些培训，不仅提升了供应链的整体环保能力，也加强了与供应商的合作关系。这种做法有助于推动整个行业的可持续发展，为实现全球碳减排目标作出积极贡献。同时，这也提升了延锋作为行业领导者的形象，展现了其在环境保护和社会责任方面的领导力。通过这种合作和共享的方式，延锋和其供应链伙伴可以共同面对全球环境挑战，实现长期的可持续发展。

八、总结与未来展望

绿色低碳供应链已成为全球应对气候变化、实现可持续发展的关键路径。延锋在“碳”索未来的道路上，积极践行向“零”排放的目标，取得了显著进展。

首先，延锋将绿色低碳理念融入发展战略，公开承诺SBTi脱碳目标，展现了对环境保护与社会责任的坚定承诺。其次，通过全面梳理供应链各环节碳排放，量化碳足迹，为精准减排提供数据支持。在行动层面，企业从技术与工艺创新、清洁能源使用、物流优化、循环经济与废弃物管理等多维度推进供应链减排，显著降低碳强度。

同时，企业积极构建绿色供应链伙伴关系，推动供应商提升碳管理能力，实现信息透明与责任共担，并积极参与政策和标准的制定，利用碳交易、绿色金融等市场机制，营造有利于供应链脱碳的外部环境。

面向未来，绿色低碳供应链的发展趋势与挑战并存。一方面，数字化技术将深度赋能供应链碳管理，大数据、AI、物联网等将实现排放实时监测、智能决策与精准调控，大幅提升减排效率。如碳捕获、利用与封存、生物质能、氢能等创新技术，将在供应链中得到更广泛应用，助力深度脱碳。产业链协同将进一步加强，跨行业、跨区域的供应链碳减排联盟将增多，通过资源共享、技术交流、标准统一，推动全产业链低碳转型。另一方面，全球碳排放法规将日趋严格，碳边境调节机制、绿色贸易规则等将重塑国际贸易格局，倒逼供应链绿色转型。消费者对绿色产品的需求将持续增长，其购买行为将深刻影响供应链，推动企业加大绿色产品研发与营销力度。

总体来说，构建绿色低碳供应链不仅是应对气候变化的必然选择，也是企业提升竞争力、实现可持续发展的战略机遇。未来，延锋需要持续创新、深化合作，以科技为驱动、政策为引导、市场为依托，携手“碳”索并践行向“零”排放的绿色未来，共创一个资源节约、环境友好、经济繁荣的可持续世界。

企业介绍

1936年，延锋汽车饰件系统有限公司从一家木模作坊起步，已有88年的发展历史。延锋专注于汽车内外饰、汽车座椅、座舱电子及被动安全领域，并积极探索新业务。2023年位列Automotive News全球百强汽车零部件企业第17位。

延锋总部位于上海，在全球建有220多个分支机构，约5.7万名员工。由4千余名专家组成的技术团队分布在14家研发中心，拥有包括工程与软件开发、造型设计，测试验证在内的完整业务能力。

延锋聚焦智能座舱与可持续技术，遵循绿色、低碳、循环的发展路径，实现高质量、可持续发展，提供全方位的座舱解决方案，助力汽车制造商探索未来移动空间。

延锋在传承各项国际标准和中外管理经验的基础上，融合了企业自身发展特点和管理思路，不断提升可持续管理水平，并得到了客户、政府和行业的认可，连续三年获得碳排放披露项目（CDP）评级 A-，并多次获评气候变化领导力奖，2023 上海数字化绿色化协同发展最佳实践，多个工厂获得中国国家级“绿色工厂”称号等殊荣。

中国太保产险

“1421”创新实践体系引领行业绿色保险发展

中国太平洋保险（集团）股份有限公司下属子公司中国太平洋财产保险股份有限公司将绿色保险作为专项战略进行体系化探索，通过系统性设计、前瞻性研究、创新性实践，形成“1+4+2+1”绿色保险创新实践体系，推进绿色保险纵深发展。中国太保产险不断完善公司绿色保险业务标准，持续推进绿色保险标准建设，加快绿色保险创新实践，优化绿色保险服务体系，创新低碳保险生态模式，落实公司低碳运营体系建设，引领行业绿色保险发展，致力于成为保险行业绿色发展的主要参与者、推动者、引领者。

一、企业战略与成就

2021年初，在国家双碳目标要求指引下，中国太平洋财产保险股份有限公司（以下简称“中国太保产险”）将绿色保险作为专项战略进行体系化探索。作为国内财产保险行业首个明确提出可持续保险战略规划并体系化进行创新实践的保险企业，中国太保产险已正式加入联合国全球契约组织（UNGC），签署中国“一带一路”绿色投资原则（GIP），通过系统性设计、前瞻性研究、创新性实践，形成“1+4+2+1”的绿色保险创新实践体系，积极引领行业绿色保险发展。

2023年5月，中国太保产险绿色保险体系化创新实践入选亚洲金融合作协会“绿色保险优秀案例”；2023年11月，中国太保产险“绿色保险在助力碳交易要素市场建设中金融创新应用”项目获上海市政府“2021—2022年度上海金融创新成果奖三等奖”；2023年11月，中国太保产险与复旦大学共同编著的《绿色保险创新实践与探索》一书正式发布。

二、“1”套绿色保险标准指引

2021年下半年，中国太保产险开始探索企业绿色保险标准，为绿色保险业务的开展形成统一规范。按照统一规划、聚焦重点、逐步完善的原则，2022年7月，中国太保产险创新建立了公司绿色保险的标准指引，全面涵盖公司绿色保险鼓励类业务，包括4大类别，涵盖12个领域、22个细分领域、47个业务范围；并完成了绿色保险数据统计平台搭建，制定86个标签类别，超过1200条标签规则。2022年11月，原银保监会发布《绿色保险业务统计制度》后，中国太保产险继续融合、调整、完善公司标准建设，建立监管口径报表，设置 48 个标签类别，逾 1800 条标签规则。

作为中国保险行业协会《绿色保险分类指引（2023 年版）》工作组绿色保险产品部分的牵头起草单位，中国太保产险积极参与并配合保险业协会完成指引的编写工作。该指引已于 2023 年 9 月正式对外发布，是全面覆盖绿色保险产品、保险资金绿色投资、保险公司绿色运营的行业自律规范，为保险企业体系化地推进绿色保险工作提供了行动方案。

三、“4”大绿色保险产品领域

中国太保产险首发绿色保险产品覆盖绿色能源、绿色交通、减污降碳、生态环境保护四大领域，已开发欧盟碳关税价格指数保险、碳资产回购履约保证保险、碳配额质押保险、CCUS 项目碳资产损失保险、湿地碳汇生态价值保险、林木火灾碳泄漏补偿保险、牡蛎海洋碳汇保险、海洋生态救助责任保险等 27 款行业首单产品。

（一）绿色能源

中国太保产险深耕绿色能源行业二十余年，保障国家能源安全、助力新能源高质量跃升发展，为绿色能源项目建设期和运营期各类自然灾害和意外事故提供风险保障。截至 2023 年末，清洁能源项目保额超过 2.9 万亿元。

1. 中国太保产险提高承保能力、扩大风险保障领域，为大规模开发和高比例利用可再生能源提供全面风险保障。

在光伏发电领域，中国太保产险深度参与了五大电力集团、申能集团、中核工业等大型集团的光伏项目；

在风力发电领域，中国太保产险参与60余个海上风电工程和运营项目，累计保额超1300亿元；

在水力发电领域，中国太保产险连续多年独家/首席承保三峡、白鹤滩、溪洛渡、乌东德、向家坝五大水电站全体建设者的雇主责任保险，参与了三峡、白鹤滩、乌东德等国内前五大水电的财产保险项目；

在核电领域，中国太保产险参与三门核电、海阳核电新开CAP1000机组工程等诸多项目。

2. 中国太保产险加强保险供给、扩大风险保障范围，更好助力构建清洁低碳、安全高效能源体系。

在新能源存储能力建设方面，中国太保产险积极参与国家电网、三峡集团、中核工业等央企电力集团的抽水蓄能项目建造期保险保障；

在新能源消纳能力建设方面，中国太保产险积极参与国家电网多个区域的特高压工程建设，保障绿色电网的资产安全；

在新能源项目的运营保险方面，中国太保产险首席承保田湾核电7—8号机组主体工程保险项目，承保了国内48台在运核电机组运营险，全面参与中核集团所有在运核电运营险。

3. 中国太保产险加强技术研发、搭建减灾防灾共享平台，为能源安全提供可靠的风险管理服务。

（1）太保产险风险减量管理体系

为更高效专业地提供风险减量服务，中国太保产险从工作制度、技术标准、专业队伍和平台工具等维度系统设计并推动“太保产险风险减量管理体系建设”，将防灾防损、安全生产和减碳降污的相关服务整合为一体，并在部分领域以产品化形式提供客户嵌入式使用。

（2）智能风险防控平台“风险雷达”

中国太保产险自主研发了数字化、可视化智能风险防控平台“风险雷达”，覆盖化工、冶金、电力、纺织、仓储、石化等50个重点行业，为客户提供集风险源监测、分析、预防三位一体的闭环风险防控服务。自“风险雷达”上线以来，为客户出具超100万份风险报告，提出80余万条风险建议，建立40余万份风险档案。

（3）新能源风险管理保险科技平台“风光无险”

中国太保产险打造了新能源风险管理保险科技平台——“风光无险”，建立能源行业的风险减量管理技术平台，帮助安徽“渔光互补”“农光互补”等陆上光伏项目进行风险预警、汛期应急、风险技改，为项目避免了上亿元的洪灾损失。

（二）绿色交通

中国太保产险积极落实国家碳达峰碳中和战略，支持新能源汽车发展，紧抓新能源车险发展机遇，开创了在组织体系、经营管理、运营生态等方面的商业新模式，为超过310万辆新能源汽车提供保险保障约7.7万亿元。

中国太保产险成立新能源车事业发展中心，创新探索新能源车经营新模式，全面布局融入汽车产业生态。中国太保产险已与多家新能源车企建立了总对总直营生态合作新模式，实现保险服务入驻车企APP，为客户提供自助投保、一键报案、AI智能定损、免现场查勘等更加透明、高效的保险服务。

此外，中国太保产险建立了线上化新能源车品牌专属服务团队，365天全天候在线，及时响应C端客户需求，为车主提供全旅程保险服务，不断提升新能源车主保险体验。同时，中国太保产险与主机厂联合开发绿色出行相关保险服务产品，更好地满足客户智慧出行需求。

（三）减污降碳

中国太保产险服务八大高排放、高耗能行业近 70 万客户，提供风险保障近 9 万亿元。

1. 推动企业关注污染风险，促进环境改善和绿色发展。

环境污染风险保障：中国太保产险积极参与环境污染责任保险项目，目前已实现全国范围内全覆盖，服务中石油、中石化、中化集团、国家能源、国家电网、神华集团等大型央企。2023 年，中国太保产险为化工、电力、煤炭开采、石油加工、金属制造等行业的全国五千余家企业提供环境污染风险保障，保障限额超 125 亿元。

绿色建筑风险保障：中国太保产险通过事前信用增进、事中风险管控、事后损失补偿助力企业通过绿色建筑评级，推动建筑业节能减排，服务全国二十余家大中型开发商。

2. 通过控排企业碳资产盘活，提升低碳转型收益和投入效率。

针对控排企业，中国太保产险创新推出的碳配额质押贷款保证、碳回购履约担保等保险产品，为控排企业低成本融资提供担保增信，降低回购期末履约价格波动，有效盘活碳资产，实现碳资产收益。

案例一：碳排放配额质押贷款保证保险

2021 年 11 月，中国太保产险携手上海环交所、申能集团、交通银行，为申能集团下属申能碳科技公司在交通银行的碳质押贷款按期履约提供保障，这是全国首笔碳排放配额质押贷款保证保险业务。

案例二：控排企业碳配额质押贷款保证保险

2022 年 5 月，中国太保产险联合上海环交所及中国银行上海分行向实体企业提供“碳配额 + 质押 + 保险”服务，为纳入 2021 年《上海市纳入碳排放配额管理单位名单》的上海华峰超纤材料股份有限公司提供金融服务支持，这是国内首笔落地的重点温室气体控排企业碳配额质押贷款保证保险。

案例三：碳资产回购履约保证保险

2023年11月，中国太保产险上海分公司携手上海联合产权交易所下属上海市联合征信有限公司，为上海申能集团下属能源服务有限公司、碳科技有限公司提供碳交易保险服务，落地全国首笔碳资产回购履约保证保险业务。

3. 通过风险减量管理，帮助企业降低低碳转型相关风险。

针对电池、电镀、化工、造纸等高排高污染行业，中国太保产险参与浙江湖州“环责险＋风险防范服务”创新模式，提供企业体检服务超800次，环境专家查找出约5500条环境风险隐患。

针对矿山、危险化学品、民用爆炸物品、金属冶炼等高排高危行业客户，中国太保产险提供约7.6万次的事故隐患排查、安全培训、安全宣传教育等事故预防服务。

（四）保护生态环境

中国太保产险通过保障耕地力提升、增加生态固碳能力、推进水质无忧、保护生物多样性等举措，推进生态文明及乡村振兴战略落地。

1. 耕地地力提升

基于粮食稳产保供高质量发展要求，中国太保产险重点围绕提升农业资源保护利用进行绿色保险创新。以针对性激励保险产品创新，提高农民耕地地力保护内生动力，从而提升耕地资源保护和利用；以专业性研究辅以保险产品升级，提升黑土地保护落地经济性，从而实现对“耕地大熊猫”的保护。

中国太保产险通过引入耕地地力保护创新保险，着力探索在我国现行的农业补贴政策体系下建立农民易于理解、能有效调动农户参与的耕地保护补贴制度。通过耕地地力指数保险，有效引导种植户积极投身土壤碳汇和品质的提升，进一步激励更多人参与到提升生态系统碳汇能力中。

此外，综合农业固碳减排与乡村振兴，在黑土地保护方面，中国太保产险发布助力黑土地保护行动方案，针对“梨树模式”生产单元建设实施主体创新“订单农业＋保险＋期货＋基差收购”收入保险，通过“保护性耕作——梨树模式验收专家组”认定后，按照实际产量收入情况进行赔付，保障实施主体的基本收入，免除其后顾之忧。收入保险在整个生产单元构建过程中起到基础保障的作用，在收入保险保障的基础上，合作社不再担心自然灾害风险，专心投入生产过程和扩大经营规模。

2. 生态固碳

自碳达峰碳中和目标提出以来，中国太保产险发挥研究、产品、技术、服务等多方面优势，深耕生态碳汇保险领域，并已在多地成功落地生态碳汇保险，品类覆盖森林、草原、湿地、茶树、牡蛎等品种，产品形式丰富多样，充分践行了“双碳＋乡村振兴”以及生态产品价值实现机制的创新探索。

内蒙古草原碳汇是中国太保产险充分运用遥感技术，探索科技赋能的绿色创新保险及服务模式；广西单株林木碳汇保险是中国太保产险积极探索“乡村振兴＋碳普惠”的创新服务模式，在生态产品实现与防返贫方面探索绿色创新模式；宁波湿地碳汇保险理赔案例获得2022年行业十大温暖理赔案例。

◇ 2021年7月，中国太保产险在海南，落地签发海南省首单林木碳汇保险。

◇ 2021年11月，中国太保产险在浙江，落地全国首单毛竹碳汇富余价值恢复补偿保险。

◇ 2022 年 1 月，中国太保产险在包头，落地全国首单草原碳汇遥感指数保险，为包头市达茂旗的农牧民提供草原碳汇绿色生态风险保障。

◇ 2022 年 4 月，中国太保产险在宁波，开发全国首个湿地碳汇生态价值保险，为杭州湾国家湿地公园碳汇等生态价值提供风险保障。

◇ 2022 年 6 月，中国太保产险在厦门，落地全国首单农业（茶园）碳汇保险。

◇ 2022 年 8 月，中国太保产险在广西，探索全国首个单株碳汇“乡村振兴 + 碳普惠”模式。

◇ 2022 年 10 月，中国太保产险在贵州，创新开发包含火灾碳泄漏的林业碳票保险专业方案。

◇ 2022 年 11 月，中国太保产险在浙江，落地全国首单竹林碳汇价格指数保险。

◇ 2022 年 11 月，中国太保产险在广西，落地全国首个“绿色保险 + 绿色信贷”农产品项目。

◇ 2022 年 12 月，中国太保产险在宁波，落地国内首单林木火灾碳泄漏补偿保险。

◇ 2023 年 3 月，中国太保产险在广西，签发广西首单蓝色碳汇保险，为牡蛎养殖企业制订“碳汇抵押 + 碳汇价值保险”个性化绿色金融服务方案。

◇ 2023 年 6 月，中国太保产险在江西，签发抚州市首单林木碳汇遥感指数保险，是抚州市首单以林农个人名义投保的碳汇指数保险。

◇ 2023 年 11 月，中国太保产险在云南，落地普洱市首单森林碳汇保险。

3. 水质无忧

2018 年，长三角区域一体化发展上升为国家战略，太浦河作为串联长三角、联通江浙沪的重要桥梁纽带，是“生态绿色”的象征，是“一体化发展”的缩影，也是“示范区”的先行实践。

2020年，中国太保与江苏省苏州市吴江区、上海市青浦区、浙江省嘉兴市嘉善县三地人民政府共同签署《长江三角生态绿色一体化发展示范区绿色保险战略合作协议》，中国太保产险创新推出“水质无忧”保险，针对环境污染事故造成的治理费用这一痛点提供事前有预警、事后有赔付等环境风险管理服务。

2022年1月，中国太保产险与三地河长办联合签署《太浦河水质无忧保险项目协议》，参与太浦河水质管理，转变传统的政府监管模式，创建了长三角跨界河湖治理新模式。该项工作得到了各级政府、人民银行、监管部门领导和社会各界的高度肯定，取得了良好的社会效应和生态效应。

“水质无忧”是对青山绿水许下的承诺，通过一张地图、一份保单，综合运用四项技术，客户可根据实际需求，定制化保险服务方案，解决治水五忧，实现水质无忧。通过高分辨卫星遥感技术，实现定期对指定水域的无死角监测；利用无人机飞行测绘，对卫星遥感数据实时核实、确定污染范围；在高风险区域，组建AI视频监控体系，通过图像识别技术，发现倾倒垃圾、漂浮物聚集、船舶堵塞等风险，并进行实时预警；在水域中布设水质监测物联网设备，动态监测水体数据，实现水质指标的线上化、可视化管理。

综合以上科技手段，结合太保风险雷达，为政府提供指定水域多维一体的太保风险地图，并通过辖内机构的协同配合，持续推进水体监测信息共享，助力共开共治的新格局。水质无忧保单将对可能出现的水污染风险提供完善的保险保障服务。

经济效益：“水质无忧”保险解决了因突发的环境污染事故造成相

关治理费用的风险，一定程度上减少了政府环境污染治理的财政支出。

社会效益：通过“保险+科技+服务”的新模式，中国太保产险秉持“防大于治”的精神，组建保险服务综合体，加强落实“水质无忧”项目涉及的风险监测、定期河道检查、交流培训、宣传及咨询管理服务工作，保证河道流域水质，减少环境污染事故。

环境效益：“水质无忧”保险有利于长三角生态绿色一体化发展，为长三角践行“绿水青山就是金山银山”的理念探索路径和提供示范。

4. 生物多样性

第一，保护生物多样性，促进人与自然和谐共生

随着野生动物保护事业的发展和保护管理措施的落实，一些重点保护的野生动物种群数量有所恢复，野生动物伤害人畜、损害农作物的情况经常发生。野生动物与当地居民的矛盾日益突出，已经成为一个既敏感又带有全局性的问题。

早在2009年，云南省林业厅与中国太保产险云南分公司通过大量的实地勘察和潜心调研，开发出全国首款“野生动物肇事公众责任保险”，该产品创新生态补偿机制，引入保险为政府职能服务的理念，逐步实现由政府补偿向商业保险赔偿的转变。

该项目已获得了昆明市金融创新与发展成果奖，上榜保险扶贫先锋榜，入选中国银行保险报发布的“2021年度银行业保险业服务创新案例”中的“保险业年度影响力赔案”。自推出之日起，“野生动物肇事公众责任保险”（以下简称“野责险”）已在西双版纳、普洱两地野生亚洲象肇事频发地区连续服务十余年，累计赔付超4.1亿元，受益农户18.7万余户。

设置属地服务电话打破语言障碍：中国太保产险云南分公司承保野生动物肇事公众责任险项目，主要承保地点为云南省普洱市、西双版纳

州，辖内生活着哈尼族、彝族、傣族、拉祜族、佤族、布朗族、瑶族、基诺族、苗族、回族、佤族、壮族、景颇族等多个少数民族，考虑到各民族语言的复杂情况，特别设置了当地报案电话，该电话号码从项目启动运行至今，已经深入人心。

成立专项服务团队助力快速理赔：为保证项目的顺利开展，中国太保产险云南分公司针对野责险项目专门成立了多层级垂直管理的专项服务团队，包括野责险专职管理人员 20 余人，驻村协勘员队伍两百余人，投入 GPS、无人机等专业设备，确保受损农户出险后能第一时间进行查勘定损，以快速、高效进行赔付。

开发专用查勘工具实现“象走即赔”：野责险项目以服务体验为牵引，从全流程整合业务及理赔，提升工作效能，从机制创新、服务创新、制度创新三个方面全面打造野责险服务。在制度创新方面，将每一个服务流程重新定义，出台野责险详细的管理办法，将服务工作做优做实；在服务创新方面，将原来靠人力手工完成的查勘定损手写单证等环节，全部实现线上化作业，做到了老百姓现场报案、现场查勘录入专项 APP，服务人员现场定损，OCR 识别群众信息提交，从而达成当天报案当天支付的客户体验，真正意义上做到了“象走即赔”。

坚持以人为本践行责任理念：作为一家负责任、有温度的公司，在承保野责险的十余年里，中国太保产险云南分公司的服务不仅仅体现在事后的理赔，也贯穿于事前、事中、事后全流程多维度，如：投入防灾防损资金，配合当地政府部门在亚洲象活动村寨附近安装防象灯、警示牌，参与亚洲象食堂的建设；投入资金购买无人机设备用于对亚洲象的监测，致力于防范和减轻亚洲象与人的冲突，保护人民生命财产安全。

开启绿色通道服务有温度：野责险项目为政府采购项目，保费的划付涉及国家、省级、市级及县级的配套资金，由于配套资金的划付问题，保费入账时间较晚。但为了受损的老百姓能及时恢复生产生活，中国太保产险云南分公司勇于承担社会责任，在保费未划付的前提下提前开展赔付工作。

在发生人象冲突导致的人身伤亡案件中，中国太保产险云南分公司积极采取入院探视、医疗费垫付、伤残免鉴定等暖心服务，全程跟进案件进展，随时听取伤者及其家属的困难，为伤者送温暖、解急难。

为了保证被野生动物袭击致伤的伤者能够得到及时医治，中国太保产险云南分公司与当地医院达成合作，只要是在辖区内因野生动物肇事受伤的人员均可以到医院进行免费救治，公司直接将医疗费支付到医院。

第二，“卫星 + 保险”，科技手段保护生物多样性

“一带一路”倡议是我国在新的历史条件下实行全方位对外开放的重大举措，在为所在国经济发展带来福祉的同时，亦存在对沿线国家生态系统和生物多样性造成威胁的潜在风险，其经济效益的实现也面临着更多监管及当地自然环境的制约。

2023 年 9 月，中国太保产险与中科星睿联合发布《“一带一路”生物多样性保护白皮书》，建立融合遥感卫星应用等新型科技手段在内的生物多样性分析框架，并尝试针对具体承保项目进行生物多样性影响分析、风险量化并融入保险业务决策流程和客户服务流程，进一步推动保险行业在生物多样性保护中发挥更加积极的作用。

四、“2”类生态活动创新模式

（一）首创行业“大型活动碳中和 + 综合保险保障”模式

中国太保产险为中国国际进口博览会、中国国际服务贸易交易会、世界绿色发展投资贸易博览会、世界物联网博览会、中国国际供应链促

进博览会等国内外大型活动提供“大型活动碳中和＋综合保险保障”整体解决方案，致力于打造绿色展会行业标杆。

案例一：服务亚运会

作为杭州亚运会官方合作伙伴，中国太保累计为亚运会定制总保额超过四千亿元的“亚运保”风险解决方案，其中包括一揽子绿色保险产品，涉及绿色场馆保障、环境污染防治、绿色食品、新能源车辆、绿色电力五大场景。同时，中国太保产险还为丽水市向杭州亚组委捐赠的浙林碳汇—亚运碳中和产品提供专属保障，助力打造亚运、亚残运史上首届碳中和赛事。

案例二：服务进博会

2021年10月，启动第四届中国国际进口博览会（以下简称“进博会”）碳中和项目，中国太保产险通过碳资产购买和碳中和保险的创新“碳中和”解决方案，首次实现“零碳进博”。

2022年11月，第五届进博会期间，在第四届进博会碳中和方案基础上，引入碳普惠机制，开展“零碳进博　零塑办博”碳普惠行动，邀请所有参会人员记录他们参加进博会期间的碳足迹，测算并抵消个人碳排量。为上海乃至我国碳普惠体系建设贡献实践案例，此举得到商务部高度认可。

2023年11月，在第六届进博会实现碳中和的基础上，面向个人开展“零碳进博　零塑办博2.0”活动。一方面，有4万名经实名认证的专业观众、参展商、媒体、志愿者等参加了此次活动，记录进博会期间的碳足迹，测算并抵消个人碳排量，获得个人碳中和荣誉证书，助力“零碳进博”。另一方面，创新开展了PET回收再利用工作，进博会期间共回收PET塑料矿泉水瓶超26万个、与PP塑料相等外卖盒9.5万个，总共近7.5吨。后续将回收再生成环保产品，反馈“零碳进博　零塑办博”

活动参与者，可减少碳排放约10吨，实现塑料瓶和外卖盒“从产品使用、废弃、再造及反馈活动参与者”可持续循环，助力“零塑办博”。

图1　2023年第六届进博会——“零碳进博 零塑办博2.0”活动现场

案例三：服务服贸会

2023年9月，在中国国际服务贸易交易会（以下简称“服贸会”）全球合作伙伴签约仪式暨“零碳服贸”倡议启动仪式上，中国太保产险与外部企业伙伴共同签订了服贸会碳中和合作意向书，为2023年服贸会引入“碳中和”项目，以碳资产、碳信用购买和碳中和保险的创新解决方案，中和2023年服贸会产生的温室气体排放，实现“零碳服贸”。同时，共同发布“零碳服贸人人共享”倡议书，呼吁全体参会人员通过自愿行动支持零碳服贸目标，向大众传播推广绿色低碳生活方式；中国太保产险承办个人碳中和活动，动员观众、志愿者、参展商、媒体等所有参会人员，记录参加服贸会期间的碳足迹，注销个人碳排量，助力实现“零碳服贸”。

（二）首创保险行业“全民普惠”模式

中国太保产险于2023年6月在行业内率先推出首个碳普惠平台——“太保碳普惠”平台。该平台是国内保险业内首个通过用户授权、单一用途、对用户的低碳减排行为进行测算和激励的碳普惠平台。平台依托微信小程序开发构建，通过与权威机构合作，基于科学的方法学算法和数据模型，量化用户的碳减排量和碳积分。用户通过参与平台上的各类低碳场景获得碳积分，并利用获得的碳积分兑换各种低碳奖励，进而激励用户持续践行低碳行为。

在低碳场景方面，“太保碳普惠”平台已经形成包括绿色出行、绿色保险、绿色生活和绿色办公四个方面的共十三类场景，包括新能源车行驶、新能源车置换、安全驾驶、车辆停驶、自助投保、电子保单、电子发票、自助报案、自助查勘、临牌批改、再制造件使用、行走和低碳通勤等。用户通过参与和完成上述低碳场景，就可以获得相应的碳积分。

在积分兑换方面，用户在完成低碳任务并获取碳积分之后，可在“太保碳普惠”平台的“兑换专区”兑换所需的低碳奖励，并可在平台实现从积分获取到奖励兑换再到权益使用的全流程一站式享权服务。

1. 标准建设

中国太保产险联合第三方共同开发了《上海市碳普惠减排场景方法学纯电动乘用车（SHCER02020042024II）》，成为首批市级碳普惠方法学，为上海市碳普惠体系建设贡献了太保力量。该方法学为全国首个针对纯电动乘用车碳减排场景的方法学，也是全国首个由省级政府官方批准的由金融保险企业开发的碳普惠方法学。该方法学实现对公众绿色行为的量化记录，帮助公众减排，协助政府了解公众的减排行为，切实助力我国多层次自愿减排市场体系建设。

2. 社会效益

“太保碳普惠”平台通过在保险业内先行先试碳普惠机制，树立了业内碳普惠平台标杆，此举有望带动保险业及其他金融企业陆续加入和建设碳普惠平台，推进碳普惠机制的落地实施。“太保碳普惠”平台以数字化形式实现对公众绿色行为的量化记录，这是构建“政府为主导、企业为主体、社会组织和公众共同参与”的环境治理体系在企业端的重要体现和示范实践。

3. 环境效益

“太保碳普惠”平台特有的新能源车行驶和新能源车置换场景，可有效引导用户购置和使用新能源车。使用新能源车来替代传统燃油车，不仅可以让公众摆脱对石油这种不可再生能源的依赖，同时可大幅减少车辆制造和使用环节的排放污染，对环境污染物的减排和碳排放的减少都有非常重要的作用。

图2　杭州亚运村碳普惠品牌日活动现场

五、“1”个保险企业绿色低碳运行体系

2022年10月，中国太保产险正式启动低碳运行机制建设项目，首创建立了公司标志性重点资产“实物+财务+碳排放”一体化管理模式，以及碳指导税等降碳促进机制，并推进低碳运行配套技术平台建设，推动实现低碳运行的绿色和“四化”量化目标。

（一）机制建设

1. 碳指导税机制

中国太保产险建立了内部碳指导税机制，对员工在商务差旅活动中交通出行产生的碳排放制定碳指导税，根据碳排放量计算对应的碳税价格，促进总部部门、各级机构提升低碳出行意识，承担低碳责任。

2. 团体标准

中国太保产险基于自身低碳运行管理经验，联合专业平台、组织，共同制定并发布了《保险公司低碳运行管理技术规范》团体标准。该标准围绕保险公司的车辆、职场、IT设备、重要小额固定资产、重要办公用品、商旅通勤等标志性重要资产及运行，首次明确提出了低碳运行管理技术规范要求，鼓励探索低碳促进创新机制，助力绿色低碳转型。

3. 考核机制

中国太保产险建立考核机制，根据实际低碳运行管理落实情况，制订考核指标方案，通过指标设置，对机构形成正向指标牵引，有效推进项目落地，现已完成全辖方案宣导和落地应用。

（二）一体化管理

针对标志性重点资产管理及运行特点，中国太保产险制定了以低碳

运行为目标的，涵盖从配置、使用、管理到处置的一系列配套管理制度，在全辖推进实施。

1. 车辆配置及运维：推进全司车辆“一车一油卡”管理，为车辆安装 OBD 设备，实现跟车核算车辆油耗，引导配置新能源车，改善传统能源使用效率。

2. 职场配置及运维：制定职场绿色装修和绿色建材标准，将绿色配置纳入职场配置要求，实现职场能耗数据采集，推进职场能耗管理。

图 3　公司大楼

3. 鼓励机构开展职场节能改造，在总部 929 园区试点低碳运行示范园区建设：

◇ 在屋面光伏电站建设方面，因地制宜，在 1 号楼屋面建设屋顶分布式光伏电站，实现自发自用，多余电量上网；

◇ 在生活热水系统节能改造方面，优化现有末端控制系统，达到节能目标；

◇ 在照明系统节能改造方面，末端控制增加“人体感应传感器”和定时控制器，实现定时监控、“人走灯灭”、移动感应与灯具联动控制功能，有效减少照明灯具在无人状态下的能耗冗耗。

4. 小额固定资产（无人机、办公家具）配置及使用：建立无人机共享机制，推进办公家具利旧管理，降低固废排放。

5. IT 设备配置及运维：建立桌面设备配置标准，降低桌面设备库存，减少资产冗余，降低固废排放；整合机构存量信息系统功能相似的需求，减少服务器空载，提升服务器资源使用效率，降低能耗。

6. 办公用品（纸张）规范：推进全司各级机构建立办公用品配置标准，建立“采购—入库—领用”的全流程管理平台，提升资源使用效率。

（三）技术建设

中国太保产险系统建立低碳运行技术支撑，进行低碳信息采集、处理、汇总呈现相关的系统建设。

在相关系统实现碳信息线上化采集，实现数据采集、标识与报送，简化流程，提高采集效率；对车辆、实物资产、“太好办”等系统进行改造及信息整合，提升低碳运行管控维度，形成体系化、闭环管理的系统功能集群，与日常管理高度融合；建设低碳运行看板，实现各系统信息对接及整合，搭建多系统连接、互通的生态体系。

六、展望未来

未来，中国太保产险将进一步围绕重点领域进行持续深化和创新，聚焦创新研究引领、业务融合促进、推进低碳运行等方面，进一步服务国家绿色发展战略，踔厉奋发，致力于成为行业绿色保险创新的先行者和贡献者。

企业简介

中国太平洋财产保险股份有限公司是在 1991 年 5 月 13 日成立的中国太平洋保险公司基础上组建而成的保险集团公司，是国内领先的综合性保险集团，也是首家 A+H+G（上海、香港、伦敦）三地上市的保险公司。

中国太保产险承保机动车辆保险、财产保险、责任保险、农业保险、保证保险、意外伤害保险、短期健康保险等中国银保监会批准的各类保险业务，服务范围覆盖航空航天、电力能源、石油化工、船舶航运、纺织烟草、机械设备、电子通讯、金融贸易、科技创新、基础建设、农林牧渔等各行业和领域。

中国太保产险以成为“行业健康稳定发展的引领者”为愿景，坚持以客户需求为导向，专注保险主业，做精保险专业，不断创新保险产品和服务，提升客户体验，为客户提供全方位的风险保障服务。

专有名词列表

碳足迹	一般指产品碳足迹，是指产品的整个生命周期中，包括从原材料的开采、制造、运输、分销、使用到最终废弃阶段所产生的所有温室气体排放量。
碳抵消	是指用购买“碳信用额度”的方法来抵消企业生产经营活动中产生的温室气体。碳抵消允许个人或组织通过购买其他地区 / 项目的碳减排量，用于补偿其无法减少的温室气体。
碳普惠	是指将企业与公众的减排行为进行量化、记录，并通过交易变现、政策支持、商场奖励等消纳渠道实现其价值。碳普惠是一项创新性自愿减排机制。
科学碳目标倡议（SBTi）	是一项由全球环境信息研究中心（CDP）、世界资源研究所（WRI）、世界自然基金会（WWF）和联合国全球契约项目（UNGC）合作发起的全球倡议，旨在帮助企业制定与《巴黎协定》中控制全球温度升幅远低于 2℃目标一致的碳减排目标。
国家核证自愿减排量（CCER）	是指对我国境内可再生能源、林业碳汇、甲烷利用等项目的温室气体减排效果进行量化核证，并在国家温室气体自愿减排交易注册登记系统中登记的温室气体减排量。自愿减排项目减排量经备案后，可在经备案的交易机构内交易。
范围一	是指企业直接控制的燃料燃烧活动和物理化学生产过程产生的直接温室气体排放。
范围二	是指企业外购能源产生的温室气体排放，包括电力、热力、蒸汽和冷气等。
范围三	是指价值链上下游各项活动的间接排放，覆盖上下游范围广泛的活动类型，如上游活动中购买的商品和服务、生产资料、燃料和能源相关活动、运输和配送等；下游活动中售出产品的加工、售出产品的使用、售出产品的寿命终止处理、投资等。